Nuestro mundo

Nuestro mundo

Ana C. Jarvis
University of California, Riverside

Raquel Lebredo
California Baptist College

Francisco Mena
Crafton Hills College

D. C. Heath and Company
Lexington, Massachusetts Toronto

ACKNOWLEDGMENTS

TEXT CREDITS

El País: pp. 6, 114, 116
Vanidades: pp. 20, 27, 50, 52, 94, 189
ABC Madrid: pp. 25, 69
Cambio 16: p. 66
Guía del Ocio: 73
Réplica: pp. 118, 146, 148, 172
Visión: p. 132
Arco: p. 150
Impacto: p. 152
Hoy: p. 169

ILLUSTRATION CREDITS

Cover photographs: Front: *(top left)* Owen Franken, *(right)* Peter Menzel, *(bottom left)* Owen Franken; Back: Owen Franken.

Page 1, Eric A. Roth/The Picture Cube; *page 13,* Peter Menzel; *page 19,* Carl Frank/Photo Researchers, Inc.; *page 34, Vanidades; page 35,* Davis Pratt/Rapho/Photo Researchers, Inc.; *page 41 (left),* Peter Menzel; *page 43,* Lillian Gavitt; *page 48, Vanidades; page 49,* Pablo Picasso, *The Three Musicians,* 1921 (summer). Oil on Canvas, 6′ 7″×7′3 3/4″. Collection, The Museum of Modern Art, New York. Mrs. Simon Guggenheim Fund; *page 50,* Pablo Picasso, *Mother and Child* (1922). The Baltimore Museum of Art: The Cone Collection, formed by Dr. Claribel Cone and Miss Etta Cone of Baltimore, Maryland; *page 53,* Joan Miró, *Women in the Night* (1945). Courtesy of the Pierre Matisse Gallery Corp.; *page 65,* The Picture Cube; *page 67,* Peter Menzel; *page 70,* Peter Menzel; *page 93,* Foto du Monde/The Picture Cube; *page 97,* Gamma/Liaison; *pages 104, 105, Réplica; page 107,* Peter Menzel; *page 113,* United Press International, Inc.; *page 127,* Michael Austin/Photo Researchers, Inc.; *page 145,* Gamma/Liaison; *page 147,* Alain Dejean/Sygma; *page 153,* Wide World Photos, Inc.; *page 162, Réplica; page 163,* Sipa Press/Black Star; *page 165,* Dölf Preisig/Magnum Photos, Inc.; *page 167,* Patrick Chauvel/Sygma; *page 169,* Alain Keler/Sygma; *page 172,* Gamma/Liaison; *page 183,* Gamma/Liaison; *page 194 (top),* Britton-Logan/Photo Researchers, Inc., *(bottom),* George Holton/Photo Researchers, Inc.; *page 204, Réplica; page 205,* Russell Reif/Pictorial Parade, Inc.; *page 209,* La Sociedad Nacional Hispánica, Sigma Delta Pi.

Published simultaneously in Canada.

Printed in the United States of America.

International Standard Book Number: 0-669-05340-6

Library of Congress Catalog Card Number: 82-84424

Preface

The study of a foreign language should be a vital experience. Besides words and structure, the student should acquire a knowledge about the people who speak the language, i.e., what is important to them, how they live, their customs and traditions, and how the world affects them. The student should also find out how they differ from us and, just as important, how many things we have in common with them.

Nuestro mundo is designed to help intermediate students to learn about all these aspects, either by talking about them, discussing them, writing about them, or especially by integrating that knowledge into their own world, making comparisons that will help them to enrich their own culture.

To attain these objectives, *Nuestro mundo* is structured in such a way that each chapter focuses on an important aspect of the Hispanic culture. The reading selections in the chapter cover different facets of the main topic and include examples of articles from magazines and journals from the Hispanic world. They progress in level of difficulty from the fairly simple structures of early chapters to the more complex materials of later units. Passive words are glossed on the page; active vocabulary is listed at the end of the chapter.

Great emphasis has been given to the practice of language in a communicative context through various types of activities. These activities progress from comprehension questions in the section, *Comente usted,* to interpretative questions in *Desde su mundo,* to class discussions in *Actividades especiales.* Further reinforcement of active vocabulary is provided in the vocabulary review exercise, *Palabras y más palabras . . .* An optional vocabulary section, *Expansión de vocabulario,* lists words and expressions related to the topic of the readings.

Although *Nuestro mundo* has been designed to accompany *Continuemos,* a review grammar, it may be used by itself or as a supplement to any other review grammar. Its use with *Continuemos,* however, offers a definite advantage, since each selection provides reinforcement of the grammatical structures covered in the corresponding chapter of *Continuemos.* In addition, the topics in each chapter of *Nuestro mundo* parallel those presented in *Continuemos.*

The material in each chapter is divided thus:

- Reading selection (two or three in each chapter)
- *Comente usted* (questions that test comprehension and encourage discussion)
- *Desde su mundo* (questions that lead students to make comparisons between their own culture and that of the Spanish-speaking world and allow them to express their own opinions about various topics)
- *Vocabulario* (all of the new active words and expressions that appear in the chapter)

- *Palabras y más palabras* (an exercise designed to help students master all new terms and expressions)
- *Expansión de vocabulario* (an optional vocabulary section listing additional words and expressions related to each topic in the chapter)
- *¿Cuánto vocabulario nuevo ha aprendido usted?* (an exercise reinforcing the new terms and expressions in the *Expansión de vocabulario*)
- *Actividades especiales* (speaking and writing activities that encourage active participation of two or more persons. These activities include games, interviews, decision-making and problem-solving situations, media role-playing such as simulation of a TV sports program, publication of a tourist brochure, election of the Woman of the Year, and so on.)
- *Composición* (a guided composition based on themes presented in the readings, providing students with the opportunity to express themselves in writing. This activity also lends itself to oral presentation.)
- *Adivinanza* (a riddle, the answer to which appears upside down at the foot of the page. It is suggested that these be read aloud so that students can appreciate their full comic effect.)

Nuestro mundo allows students to develop their reading ability while making them aware of another contemporary culture. More important, however, this reader encourages them to develop informed opinions and to engage in meaningful discourse. By providing insights into another culture, we believe they will gain deeper understanding about their own culture and that they will come to think of that "other world" as "our world" as well.

We want to express our appreciation to the members of the editorial staff of D. C. Heath and Company for their many valuable suggestions, which have enhanced the quality of the manuscript.

A.C. Jarvis
R. Lebredo
F. Mena

Contents

1 *Los graduados universitarios* 1

Ya tenemos título, ¿y ahora qué? 2
El desempleo entre graduados universitarios en España 6

2 *El papel de la mujer* 19

Cómo alcanzar el éxito en su carrera 20
La mujer, al ejército 25
¿Cómo es la mujer de hoy? 27

3 *La artesanía* 35

La tierra del ñandutí 36
La artesanía en el Ecuador 38

4 *El arte* 49

Picasso 50
Joan Miró 52
El embrujo de los ritmos cubanos 56

5 *¿Qué hacemos hoy: dónde comemos, adónde vamos?* 65

Picantes ¡A lo mero macho! 66
Madrid: Sus olores y sus regiones urbano-gastronómicas 69
La semana de Madrid: Guía del ocio 73

6 *Costumbres, tradiciones y supersticiones* 93

Sus garabatos lo delatan 94
Celebran los Sanfermines en Pamplona 96
La brujería 99

7 *¿Símbolos del progreso...?* 113

Vuelven a entrar en vigor las medidas de anticontaminación 114
El automóvil devora espacio y tiempo 116
¿Qué nos traerá la década de los '80? 118

8 *Las minorías hispanas en los Estados Unidos* 127

Estadísticas: crece la población hispana 128
Los hispanoparlantes en los EE.UU. 132

9 *Los deportes* 145

La masa arrolla: el tenis se convierte en un deporte de multitudes 146
Maribel Atienza, una chica torera 148
Ley represiva de delitos contra el deporte 150
Una entrevista exclusiva con «Pelé», el rey del fútbol 152

10 *La violencia y el terrorismo* 163

Geografía de la violencia 164
El terrorismo derrama el vaso 166
Los comandos extremistas 169
Los mercaderes del terror 172

11 *Los medios de comunicación y el turismo* 183

¿Qué mundo soñamos? 184
Panamá hoy 189
Sevilla, «ciudad de los reflejos» 193

12 *La comunicación a través del idioma* 205

Estados Unidos, país incomunicado 206
Al pan, pan y al vino, vino o *To Call a Spade a Spade* 212

Vocabulario 222

1
Los graduados universitarios

Ya tenemos título, ¿y ahora qué?

Cuatro jóvenes profesionales dialogan con la revista *Ñandé*,[1] de Asunción, Paraguay.

Según las arquitectas Amada Alegre Alvarenga y Adria Concepción Garcete, el obstáculo principal para el desenvolvimiento° de los jóvenes graduados es la falta de personalidad. «Eso sucede por la falta de orientación en las universidades,» explican. — behavioral growth

Para el ingeniero Luis Alberto Pettengil, el joven profesional necesita mantener estrecha° relación con personas de otras profesiones, y esas relaciones deben comenzar desde los primeros años de la universidad. — close

Para la Licenciada en Enfermería,° Anselma Ramírez de Arévalos, es muy importante tener en cuenta las distintas especialidades, pues un buen profesional es aquél que tiene una especialidad y la fomenta. — R.N.

—*Primero quiero preguntarles cómo ven ustedes el futuro de sus respectivas carreras.*

—Creemos que existe un gran futuro en todas las carreras que brinda la universidad. El país pasa en estos momentos por un proceso de desarrollo incalculable y somos nosotros quienes debemos llevar a cabo los diversos planes del gobierno.

—*¿Creen ustedes que cada año las facultades forman buenos profesionales?*

La universidad brinda los medios necesarios para su formación, pero cada estudiante debe hacer su parte. Ahora, es verdad que la universidad necesita modernizar su sistema educativo y tratar de conseguir más profesores capacitados. También debe proveer más orientación profesional para los estudiantes.

—*¿Creen ustedes que la implantación de nuevas técnicas obliga a la apertura° de nuevas carreras universitarias?* — opening

—No necesariamente, pero necesitamos formar la mayor cantidad posible de técnicos.

NOTA: Antes de comenzar a leer las siguientes selecciones, familiarícese con el vocabulario que aparece al final de las lecturas. Siga el mismo procedimiento en todos los capítulos del libro.

[1]Vocablo guaraní que significa *nosotros*.

INSTITUTO PESTALOZZI

CURSOS INTENSIVOS

MECANICA AUTOMOTRIZ
MOTO MECANICA
ELECTRICIDAD AUTOMOTRIZ
LATONERIA Y PINTURA
COMPUTACION
INGLES
ENFERMERIA AUXILIAR
KINDERGARTERINA

PARA INSTRUCCION POR CORRESPONDENCIA
APARTADO 40825 Caracas 1040

REGISTRADO EN EL M. E. No. 156 156 D. F.

ESPECIALIZACION EN DISEÑOS ARQUITECTONICOS

CURSO AVANZADO

Para integrar Equipos de Diseño en Gabinetes Técnicos de Consultoras o Equipos Técnicos de Proyectistas.
Un curso especial para estudiantes de Arquitectura, Dibujantes, Técnicos Civiles, para profundizar conocimientos sobre diseños de Obras Civiles.
Duración: de Abril a Noviembre.
Dictado por profesionales Arquitectos e Ingenieros.

ELECTRONICA

CURSOS ACELERADOS EN 5 MESES
Adecuados para Graduados Escolares, Bachilleres, etc.

- **CURSOS BASICOS:** 1° Electricidad - 2° Electrónica Básica - 3° Transistores - Sonido - 4° T.V. Fundamental.
- Electrónica **DIGITAL** - Micro **PROCESADORES.**
- Electrónica **INDUSTRIAL-AUTOMATISMOS.**
- **T.V.** Transistorizada y **COLOR.**

MATRICULACION DURANTE EL MES DE FEBRERO
Clases TEORICO-PRACTICAS a partir del 1 de MARZO
Dirección y profesorado: Ingenieros y Técnicos especializados.
Informes y matrícula: Mañanas, de 10 a 1, y tardes, de 6 a 9

Centro Estudios Televisión BARQUILLO, 44 TEL. 419 55 13

EMPRESA DE SISTEMAS ELECTRONICOS

con tecnología propia, ubicada en Torrejón de Ardoz, desea incorporar a su Departamento de Fabricación

UN INGENIERO SUPERIOR

Con las características siguientes:
- 3 años de experiencia profesional mínimo.
- Experiencia en test y pruebas de producción de Equipos Electrónicos y experiencia en redacción de especificaciones.
- Inglés hablado y escrito.
- Calidad humana y dotes de gestión.
- El candidato seleccionado se incorporará lo antes posible a un equipo Técnico, desarrollando los Sistemas de producción y procedimientos de pruebas para equipos de tecnología avanzada.

Condiciones económicas y otras, se negociarán individualmente.

Las personas interesadas deberán dirigirse por escrito, acompañando datos personales y experiencia, así como pretensiones económicas, a: APARTADO DE CORREOS nº 36.189 de MADRID. Ref. "INGENIERO DE FABRICACION".

Dadas las características de los puestos, la selección será individual. Se garantiza la máxima discreción.

(Torrej. 18.037)

—*¿Qué sugerencias tienen ustedes para los estudiantes?*

Es una buena idea, antes de empezar una u otra carrera, estudiar las posibilidades que ofrece cada campo. También es necesario buscar la especialización antes de querer abarcarlo todo.° — do it all

De la revista *Ñandé* (Asunción)

Comente usted...

1. ¿De dónde es la revista *Ñandé*?
2. Según las arquitectas, ¿cuál es el obstáculo principal para el desenvolvimiento de los graduados?
3. ¿Cuál es la causa de este problema?
4. Según el ingeniero Pettengil, ¿qué debe hacer el joven profesional, y cuándo?
5. ¿Qué opina la licenciada Anselma Ramírez de Arévalos?
6. ¿Cómo ven los jóvenes el futuro de sus respectivas carreras?
7. Según los jóvenes, ¿cuál es la situación de Paraguay?
8. ¿Qué debe hacer la universidad para ayudar a los estudiantes?
9. ¿Qué necesita el país?
10. ¿Qué sugerencias tienen los entrevistados para los estudiantes?

El desempleo entre graduados universitarios en España

Los graduados universitarios españoles sin trabajo probablemente pasan ya en estos momentos de 160.000, según ... estimaciones de los sociólogos J. Martín Moreno y Ar... de Miguel que analizan el problema del desem... ...raduados universitarios en su libro *Universidad, ...rados,*° publicado en 1979.

... creen que antes de terminar la década de los ...abrá más de un millón de estudiantes uni... ...nálisis de la matrícula estudiantil en los ... les permite predecir° las carreras que

factory of the unemployed

predict

van a mostrar un «exceso» de graduados más notorio.° Estas carreras serán probablemente Derecho,° Ciencias Médicas, Ciencias Económicas y Arquitectura.

flagrant
Law

Los autores afirman que el número de graduados universitarios en el futuro inmediato se va a duplicar en cada lustro y que hacia 1980 habrá unos 160.000 graduados sin trabajo.

El Congreso estudia en estos momentos una ley que establece° que en el futuro, al iniciar sus estudios universitarios, los alumnos deben recibir información acerca de las posibilidades de trabajo en la carrera que van a estudiar, y también acerca del número de alumnos que han terminado esa misma carrera en el pasado inmediato.

decrees

Según un estimado del Ministerio de Trabajo,° para 1980 habrá unos 83.000 graduados sin trabajo. Los autores, sin embargo, dicen que esa cifra no es exacta y dan una cantidad mucho más alta. Insisten, por lo tanto, en que es urgente hacer algo para resolver esta situación.

Labor Department

• • •

Para obtener más información acerca del problema del desempleo y del subempleo, entrevistamos hoy a dos graduados universitarios.

Hablamos primero con Víctor Fernández, de 26 años, licenciado° en historia, que es hoy conserje en un museo de arte, empleo que consiguió después de competir con otros graduados universitarios.

with a degree

—Es que hay mucho desempleo, y uno necesita trabajar, dice Víctor—. Yo sé que no soy el único que está en esta situación; conozco a varios graduados universitarios que no están satisfechos con sus empleos, porque no tienen nada que ver con su especialidad.

Otro caso similar es el de Alicia Rojas, licenciada en química, quien después de tratar en vano de conseguir un puesto de secretaria, da clases particulares mientras espera la oportunidad de conseguir un puesto en su campo.

—La verdad es que cuando uno empieza a estudiar no siempre está seguro de la carrera que más le conviene. Esto pasa, en parte, porque no orientan debidamente a los estudiantes. Después de cinco años de estudios, uno sale a la calle y no hay trabajo. Eso no es justo.

Del periódico *El País* (Madrid)

Comente usted...

1. ¿Qué problema existe en España entre los graduados universitarios?
2. ¿Qué problema analizan Moreno y de Miguel en su libro *Universidad, fábrica de parados?*
3. ¿En qué carreras va a haber menos posibilidades de trabajo? ¿Por qué?
4. ¿Cómo va a ayudar a los estudiantes la ley que estudia el Congreso?
5. ¿Qué carrera tiene Víctor Fernández y en qué trabaja?
6. ¿Qué dice Víctor sobre el problema del desempleo y el subempleo?
7. ¿Por qué es similar el caso de Alicia Rojas al de Víctor Fernández?
8. ¿Qué no es justo, según Alicia Rojas?

Desde su mundo

1. Generalmente, ¿ofrecen las universidades norteamericanas orientación profesional para sus alumnos?
2. ¿Cree usted que es mejor tener una especialidad o saber «de todo un poco»?
3. ¿Hay buenas posibilidades de trabajo en la carrera que usted estudia?
4. La universidad a la que usted asiste, ¿tiene un sistema educativo moderno y profesores capacitados?
5. ¿Qué sugerencias tiene usted para un estudiante de primer año?
6. ¿Hay muchos graduados universitarios sin trabajo en los Estados Unidos? Dé ejemplos.
7. ¿Qué carreras tienen un exceso de graduados más notorio?
8. ¿Qué carreras ofrecen mejores posibilidades de empleo en los Estados Unidos?
9. El español, ¿tiene algo que ver con su especialidad?
10. ¿Está usted satisfecho con las clases que está tomando este semestre (trimestre)?

VETERINARIO

Granja porcina

Interesa contratar veterinario joven para granjas porcinas. Se requiere experiencia contrastada en gestión granjas, manejo de animales, programas técnico-sanitarios y planing de multiplicación. Retribución y condiciones generales a convenir. Candidatos deberán estar dispuestos a residir en el exterior.

Enviar «curriculum vitae» detallado, con trabajos realizados, al n° 1.000. Apartado 1.080. Madrid.

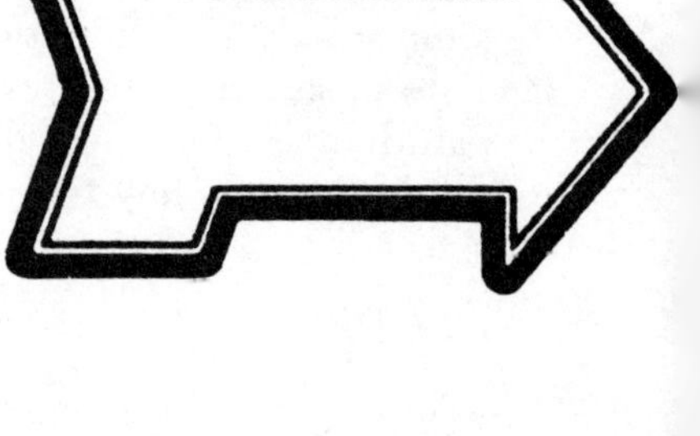

PROGRAME SU FUTURO
APRENDA UNA PROFESION CON TODOS LOS ADELANTOS TECNICOS MODERNOS...
...Y BRINDELE A SU CAPACIDAD LA OPORTUNIDAD DE TRIUNFAR Y GANAR MUCHO DINERO
● REPARACION Y SERVICE DE
MINICALCULADORAS
Una actividad altamente remunerada, es sin duda la que brinda la reparación de minicalculadoras. Nuestro curso lo prepara para que en poco tiempo Ud. pueda realizar todo tipo de service.
✱ OTROS CURSOS
● MINICALCULADORAS
● BOBINADO DE MOTORES
● ENCENDIDO DE MOTORES
● MOTOCICLETAS
● T.V. COLOR
● CARBURACION Y AFINACION DE MOTORES
● PLATO DE TOCADISCOS
● MECANICOS DE AUTOS
● MOTORES DIESEL
● ELECTRONICA
● REFRIGERACION Y AIRE ACONDICIONADO
● ELECTRICIDAD
● MAESTRO ALBAÑIL
● MINIRADIOS
● PLOMERIA
PREMIO PRESTIGIO NACIONAL 1979
GRATIS
PIDA FOLLETOS HOY MISMO
● REPARACION Y SERVICE DE
T.V. COLOR
Sin duda, una de las actividades más importante y segura de la actualidad, es la que gira alrededor de la televisión.
Nuestro curso lo prepara eficientemente, para una profesión con altos ingresos económicos, con estudios de fácil y rápida realización.
No pierda más tiempo, decídase ya mismo y habrá dado el paso decisivo para asegurar su futuro económico.
ACADEMIA AMERICANA
APARTADO DE CORREOS 6345
CARACAS 1010-A
ACADEMIA AMERICANA
APARTADO DE CORREOS 6345 CARACAS 1010-A
DO-29-6-80
NOMBRE
DIRECCION
LOCALIDAD
PCIA.-EDO.-DTO.
PAIS
Curso que desea estudiar
Si desea recibir su folleto por correo certificado incluya Bs. 2 en estampillas.
TELEF: 571.78.21 - EDIFICIO ACADEMIA AMERICANA, AV. ANDRES BELLO 3ª TRANSVERSAL DE GUAICAIPURO (a 150 mts. de Tostadas Doña Juana).

VOCABULARIO

NOMBRES

el **campo** field
la **cifra** number, cipher
las **clases particulares** private lessons
el (la) **conserje** watchman
el **desempleo** unemployment
la **fábrica, factoría** factory
la **matrícula** registration
la **química** chemistry
el **subempleo** underemployment
la **sugerencia** suggestion

VERBOS

brindar to offer
entrevistar to interview
proveer to provide
publicar to publish
resolver (o›ue) to solve
suceder to happen

ADJETIVOS

actual present
justo(a) fair
satisfecho(a) satisfied

OTRAS PALABRAS Y EXPRESIONES

la falta de the lack of
llevar a cabo to carry out
no tener nada que ver con not to have anything to do with
tener en cuenta to keep in mind

Palabras y más palabras

Las palabras que aparecen en las selecciones... ¿forman ya parte de su vocabulario? ¡Vamos a ver!

A. ¿De qué están hablando? Siguiendo el modelo, díganos el tema de la conversación.

MODELO: —¿Debemos hablar con el presidente de la universidad?
—Sí, necesitamos información sobre los problemas de los estudiantes graduados.

Tema: Están hablando de entrevistar al presidente de la universidad.

1. —¡Qué cara es la universidad!
—Sí, este año cuesta más que el año pasado...
2. —Yo soy licenciado en química, pero trabajo de conserje en un museo.
—¡Pues yo no tengo trabajo! ¡Y hay muchos en la misma situación!
3. —Mi hijo no va a la escuela.
—Mi hija tampoco. La maestra viene a nuestra casa.
4. —Tengo muchos problemas con mis estudiantes. ¿Tienes algunas sugerencias?
—Sí, puedo darte algunas ideas...
5. —No tengo dinero para comprar todos los libros.
—Yo tampoco. ¡Ése es un problema general!

BANCO UNION
su banco de confianza

Requiere para trabajar en sus Oficinas del Este y del Centro de Caracas, los servicios de:

* CAJEROS

REQUISITOS:
* Preferible con experiencia.
* Bachilleres.
* Mayores de 21 años.
* Conocimientos prácticos de máquinas de calcular y de oficina en general.

* TERMINALISTAS

REQUISITOS:

* Con experiencia.
* Tercer año de Bachillerato aprobado.
* Mayores de 21 años.

* SECRETARIAS - MECANOGRAFAS.

Requisitos:
* Egresadas de Academia Reconocida.
* Tercer año de Bachillerato aprobado.
* Experiencia de 2 a 3 años.
* Mayores de 18 años.

* OFICINISTAS.

Requisitos:
* Tercer año de bachillerato aprobado.
* Conocimientos básicos de Contabilidad, Mecanografía, Archivo y de Oficina en general.
* Preferible con experiencia bancaria.
* Mayores de 18 años.

* MENSAJEROS.

Requisitos:
* Mayores de 18 años.
* Tercer año de Bachillerato aprobado

REQUSITOS COMUNES A TODOS ESTOS CARGOS:

* Nacionalidad Venezolana.
* Documentación completa vigente.
* Buena presencia.

Nuestro Instituto les ofrece un atractivo paquete de beneficios socio-económicos así como amplias posibilidades de desarrollo personal y profesional.

Las personas interesadas en alguna de estas posiciones deberan presentarse en días y horas laborables en el Banco Unión C.A., Departamento de Reclutamiento y Selección, Edificio "29", 2do. Piso, Avenida Universidad, Esquina El Chorro.

B. En cada oración, sustituya las palabras o frases en itálica, usando las que aparecen en la lista, según corresponda.

tener en cuenta	cifra
satisfechos	llevar a cabo
sucede	proveer
campo	fábrica
nada que ver	brindan

1. Dicen que hay 25.000 graduados sin trabajo, pero ese *número* no es exacto.
2. Trabajan en una *factoría.*
3. Mi *especialización* es la química.
4. En la universidad *ofrecen* muchas oportunidades para los estudiantes.
5. No están muy *contentos* con el trabajo que tienen.
6. ¿Qué *pasa* aquí?
7. La universidad debe *dar* más orientación profesional.
8. Eso no tiene *ninguna relación* conmigo.
9. Eso es muy díficil de *realizar.*
10. Antes de empezar a estudiar, debes *pensar* que es una carrera muy difícil.

Nuevo Departamento de Producción y Muestras de

PANTALONES LEE

SOLICITA:

Quince (15) Operarios (as) Expertos (as) en diferentes Operaciones de Costura.

Favor abstenerse si no reúne estas condiciones.
Magnífico sueldo y condiciones sociales a las personas con estos conocimientos y experiencia.

Interesados dirigirse a:

INDUSTRIAS LEE DE VENEZUELA, C.A.

2° Transversal Los Cortijos de Lourdes, Edf. Industrias Lee.

Estudiantes en la Universidad de Salamanca, España.

EXPANSIÓN DE VOCABULARIO (Actividad Opcional)

Algunas facultades

Facultad de Arquitectura School of Architecture
Facultad de Ciencias Económicas (Comerciales) School of Business Administration
Facultad de Derecho Law School
Facultad de Filosofía y Letras School of Humanities
Facultad de Ingeniería College of Engineering
Facultad de Medicina Medical School
Facultad de Odontología Dental School

Algunas profesiones

abogado(a) lawyer
analista de sistemas systems analyst
bibliotecario(a) librarian
contador(a) **público**(a) Certified public accountant
dentista dentist
enfermero(a) nurse
farmacéutico(a) pharmacist
maestro(a) teacher
médico(a) medical doctor
programador(a) programmer
sicólogo(a) psychologist
veterinario(a) veterinarian

Otras palabras y expresiones relacionadas con el tema

dar una conferencia to give a lecture
escuela primaria (elemental) elementary school
escuela tecnológica technical school
ingresar to enter
matrícula registration, tuition
solicitud application
universidad estatal state university
universidad privada private university

¿Cuánto vocabulario nuevo ha aprendido usted?

Complete las siguientes oraciones según corresponda.

1. Asiste a la ____ porque quiere ser contador público.
2. Si quiere ser ____, debe estudiar en la Facultad de Derecho.
3. Los futuros médicos estudian en la ____ y los futuros ____ en la de Odontología.
4. Es ____. Trabaja en la Biblioteca Nacional.
5. El ____ va a dar una ____ sobre la sicología.
6. Voy a llevar a mi perro al ____ porque está enfermo.
7. Es maestra. Enseña en la escuela ____.
8. Los futuros arquitectos asisten a la ____.
9. En las universidades ____, la matrícula es más cara que en las universidades ____.
10. Debo llenar una ____ para ingresar en la Facultad de Filosofía y ____.
11. Trabaja con computadoras. Es ____.
12. El ____ trabaja en la farmacia.
13. Las ____ ayudan a los médicos.
14. Mi esposo es analista de ____.

Actividades especiales

A. ¿En qué calles viven Alberto, Benito y Carlos? Para averiguarlo, la clase se dividirá en grupos y resolverá el problema, teniendo en cuenta la siguiente información.[1]

1. Alberto, Benito y Carlos viven en las calles Magnolia, Juárez y Perú.
2. Alberto trabaja en una oficina.
3. Benito es abogado.
4. Carlos se queda en casa mientras su esposa va a trabajar.
5. Todas las personas que viven en la calle Magnolia trabajan en fábricas.
6. Todas las personas que viven en la calle Juárez son solteras.
7. Todas las personas que viven en la calle Perú tienen un negocio [*business*] en el centro.

B. Llene la siguiente solicitud de empleo, proporcionando datos personales. Luego la clase se dividirá en grupos de dos. Uno de los estudiantes será el que solicita trabajo, y el otro le hará las preguntas que aparecen en la solicitud.

[1]Basado en *Some New Strategies for Teaching Oral Skills* de Alexander Lipson.

SOLICITUD DE EMPLEO
CASA RAMONA
654, Del Mar Street
San Diego, California

Sr.
Sra.
Srta.____________________________
Apellido Nombre Segundo Nombre

Dirección____________________________
Calle Número Ciudad

____
Estado Zona Postal Teléfono

Número de seguro social:______________ Edad:________

Estado civil:______________ Nacionalidad:________

Lugar de nacimiento:____________________
Ciudad Estado o país

Fecha de nacimiento:______________ Licencia de conducción:

No.________

Esposa o esposo:____________________

Nombre y edad de los hijos____________________

Educación:	*Nombre de la Institución*	*Años Desde/Hasta*	*Título o Certificado*
Primaria:			
Secundaria:			
Universitaria:			
Otros:			
Especialización:			

Experiencia:

Nombre de la empresa	*Dirección*	*Desde/Hasta*

Idiomas que habla:____________________

Fecha:______________ Firma del solicitante:________

C. Evalúe usted a uno de sus profesores, usando el cuestionario que le proporcionamos. Use la escala 1–7 para contestar cada pregunta.

	Malo	*Regular*		*Bueno*		*Muy bueno*	
	1	2	3	4	5	6	7
1. ¿Está siempre bien preparado el profesor?	1	2	3	4	5	6	7
2. ¿Es entusiasta?	1	2	3	4	5	6	7
3. ¿Presenta la materia de una manera eficiente?	1	2	3	4	5	6	7
4. ¿Muestra interés por los estudiantes?	1	2	3	4	5	6	7
5. ¿Trata a los estudiantes con respeto?	1	2	3	4	5	6	7
6. ¿Estimula a los estudiantes a participar en la clase?	1	2	3	4	5	6	7
7. ¿Permite preguntas y discusión en clase?	1	2	3	4	5	6	7
8. ¿Está usted aprendiendo y progresando en esta clase?	1	2	3	4	5	6	7
9. ¿Cómo evalúa usted este curso en su totalidad?	1	2	3	4	5	6	7
10. ¿Cuál es su opinión general sobre el profesor?	1	2	3	4	5	6	7

Comente:

Composición

Escriba usted un diálogo en el cual un periodista entrevista a un graduado universitario que es víctima del subempleo. A continuación ofrecemos dos listas: una de profesiones y una de empleos. La persona entrevistada va a tener una de esas profesiones y va a trabajar en uno de esos empleos. (¡Ud. escoge!)

Profesiones	*Empleos*
1. Profesor de latín	a. Conserje
2. Dentista	b. Portero(a) *(doorman)*
3. Antropólogo	c. Payaso *(clown)*
4. Abogado	d. Niñero(a) *(nursemaid)*
5. Sociólogo	e. Basurero(a) *(garbage collector)*
6. Otras posibilidades	f. Otras posibilidades

Temas a tratar: Estudios realizados, problemas para encontrar trabajo en su profesión, salario que recibe en el empleo actual, número de graduados en su campo, el futuro de su carrera, causas del desempleo, razones por las cuales eligió su profesión, posibles soluciones.

UNIVERSIDAD SIMON RODRIGUEZ

REPUBLICA DE VENEZUELA
UNIVERSIDAD NACIONAL EXPERIMENTAL
SIMON RODRIGUEZ SECRETARIA

GRADUACIONES

Se informa a los participantes de las diferentes Licenciaturas que hayan cumplido con las obligaciones académicas pautadas para optar al Título de Licenciado, que el Consejo Rector ha decidido efectuar el día 18 de julio de 1980 Acto de Graduaciones.

Los interesados en graduarse conforme al ceremonial de estilo, quienes hayan cumplido con los requisitos pertinentes, deberán ponerse en contacto personal con el Proyecto Control de Estudios del Nivel Central, con el fin de recibir la información necesaria a los efectos del Acto y Protocolo de Grado, en los días hábiles comprendidos entre el 16 de junio y el 4 de julio de 1980, ambos inclusives, en horas de oficina.

Se advierte que la petición de Grado debe hacerse con por lo menos 15 días de anticipación, a los fines de poder dar cumplimiento a los trámites legales pertinentes.

Dirección: Avenida Francisco de Miranda, cruce con Mis Encantos, Edificio Torre Metálica, Planta Baja, Locales Dos y Tres Chacao.
Horario: De 8 am. a 12 m. y de 2 pm. a 4 pm.
Caracas, 9 de junio de 1980.

LA UNIVERSIDAD PARA EL DESARROLLO

UNA ADIVINANZA

¿Qué cosa es,
que silba° sin boca, — whistles
corre sin pies,
te pega° en la cara — hits you
y tú no lo ves?

El viento

2
El papel de la mujer

¿Cómo alcanzar° el éxito en su carrera? (Adaptado)

alcanzar°: to attain

Las virtudes que caracterizan a las mujeres que triunfan hoy en día son: voluntad,° capacidad de trabajo, experiencia, y un gran sentido práctico y diplomático de la vida.

voluntad°: will

¿Es posible desarrollar° estas cualidades para poder triunfar en la vida? Muchas mujeres piensan que sí, pero si sus planes continúan siendo imprecisos, no irán muy lejos. ¿Por qué entonces no ser prácticas y empezar desde ahora a prepararnos para una posición ejecutiva, una profesión, para ser dueñas de un negocio o sencillamente para desempeñar° la clase de trabajo para el cual tenemos talento?

desarrollar°: to develop
desempeñar°: to perform

Es importante tener una meta definida y analizar cuidadosamente nuestras habilidades y preferencias; también es importante analizar los puntos básicos de la personalidad. Por ejemplo, ¿se siente bien con la gente o es tímida? ¿Le gustan los lugares tranquilos o por el contrario prefiere los lugares llenos de gente? ¿Tiene paciencia o no? Todas esas características son esenciales para saber qué tipo de carrera le conviene y cuáles debe evitar.

No debe creer Ud. que sólo con buenos deseos puede conseguir el puesto que quiere. El mundo de los negocios requiere capacidad. Debe estudiar y adquirir experiencia.

10 SEÑORITAS
para ventas en ramo decorativo:

REQUISITOS: a) Excelente presentación; b) Mayores de 20 años; c) Buenos modales; d) Documentos y cartas de recomendación.

OFRECEMOS: 1) Artículo sin competencia; 2) Magníficas comisiones; 3) Sueldo ilimitado.

Presentarse para entrevista **UNICAMENTE** miércoles 24 y jueves 26, de 10 am. a 12 m. y de 3 a 6 pm., 20 calle 3-01, zona 3.

ANUNCIOS EN EL PAIS **242 25 00** COBRAMOS A DOMICILIO

OFERTAS

¿Dispone tiempo libre, quiere obtener grandes ingresos? Llame ☎ 232 90 07. Sr. Majadas. No ventas.

Necesito hombres y mujeres con decisión para dirigir negocio. 150.000, superables. ☎ 247 30 73. Srta. Lejo.

75.000 tiempo libre, trabajo local comercial. No ventas. ☎ 241 90 97. Srta. Rodríguez.

Preciso cinco personas para trabajo fácil. Media jornada-total. Mayores 22 años. No vendedores. Ganancias [illegible] 000, mes. ☎ 247 [illegible]. Coleto.

Personas serias, responsables. 75.000, media jornada. ☎ 248 80 08. Sr. Cachero.

Selecciono 3 personas responsables, capaces dirigir organización, ganancias sin límites, incorporación inmediata. Soliciten entrevista, Sr. Quijada. ☎ 248 80 07 y 248 80 08.

Personas arriesgadas quieran ganar 280.000, mes, como yo. Llamar Sr. Hamid. ☎ 448 3[illegible] 78.

Si quiere progresar, debe escoger cuidadosamente la compañía para la que va a trabajar. Hay datos que le pueden indicar si hay futuro en ella. Como por ejemplo:

- El salario que pagan
- Plan de beneficios
- El tamaño del negocio
- La preparación que necesita
- La reputación que tiene la compañía
- Si le gusta el ambiente° — environment

Un buen método para progresar en su trabajo o profesión es observar la conducta de las mujeres que tienen puestos importantes. Por lo general comparten ciertas características:
La ejecutiva que triunfa:

- Es cortés, sincera y no pierde la calma fácilmente.
- Sabe adaptarse a los cambios.
- Escucha con atención.
- Toma decisiones.
- Sus empleados confían° en ella. — trust
- No es déspota ni autoritaria.
- Contesta las llamadas y las cartas que recibe.
- Organiza su trabajo.
- Está preparada para cualquier emergencia.
- Es eficiente.
- Conoce su trabajo perfectamente.
- Es siempre femenina.

Quizás Ud. se siente perfectamente bien en el trabajo que tiene en estos momentos... pero quizás no. ¿De quién es la culpa? ¿Suya? ¿Del tipo de trabajo que realiza? O de ninguno de los dos... Si quiere averiguar lo que pasa debe contestar con sinceridad cada una de las preguntas de este «test» para saber si su trabajo es adecuado para Ud. o no.

PREGUNTAS

1. ¿Le gusta realizar las actividades que corresponden a su trabajo?
   Sí ☐ No ☐
2. La única satisfacción que obtiene de su trabajo ¿es el salario?
   Sí ☐ No ☐
3. ¿Trata de decir siempre las cosas que Ud. supone que son las que su jefe desea escuchar?
   Sí ☐ No ☐
4. ¿Hace a veces sugerencias creativas para mejorar las condiciones de trabajo?
   Sí ☐ No ☐
5. ¿Piensa Ud. que las personas solteras deben dedicar más tiempo a su trabajo que las casadas?
   Sí ☐ No ☐
6. Cuando algo no anda bien, ¿va de mesa en mesa discutiéndolo con todo el mundo?
   Sí ☐ No ☐
7. Cuando Ud. se equivoca, ¿lo reconoce?
   Sí ☐ No ☐
8. ¿Le gusta la mayoría de la gente?
   Sí ☐ No ☐
9. ¿Se dedica a algún pasatiempo° en sus ratos libres? — hobby
   Sí ☐ No ☐
10. De acuerdo con el tipo de trabajo que realiza, ¿está siempre limpia y bien vestida?
    Sí ☐ No ☐
11. ¿Le disgusta hacer trabajo extra?
    Sí ☐ No ☐
12. ¿Piensa en su trabajo durante sus horas libres?
    Sí ☐ No ☐

13. ¿Cree que Ud. trabaja más que el resto de sus compañeros?
Sí ☐ No ☐

14. ¿Estudia para tratar de mejorar su posición?
Sí ☐ No ☐

15. ¿Está siempre mirando el reloj y desesperada por volver a su casa?
Sí ☐ No ☐

16. ¿Piensa que la mayor parte de la gente progresa porque tiene suerte o influencia?
Sí ☐ No ☐

17. ¿Está Ud. interesada en los problemas de sus compañeros?
Sí ☐ No ☐

18. ¿Considera que es Ud. una empleada indispensable?
Sí ☐ No ☐

19. ¿Conoce Ud. la importancia de su trabajo para la compañía?
Sí ☐ No ☐

20. ¿Cree Ud. que su opinión es más acertada° que las de sus jefes y superiores? — correct
Sí ☐ No ☐

21. ¿Generalmente está Ud. contenta?
Sí ☐ No ☐

22. ¿Mantiene en todo momento buenos modales?° — manners
Sí ☐ No ☐

23. ¿Reacciona Ud. con amargura° o envidia cuando sus compañeros reciben una promoción o un aumento de salario? — bitterness
Sí ☐ No ☐

24. Al final de cada día, ¿está exhausta física o mentalmente?
Sí ☐ No ☐

RESPUESTAS

1. Sí	9. Sí	17. Sí
2. No	10. Sí	18. No
3. No	11. No	19. Sí
4. Sí	12. No	20. No
5. No	13. No	21. Sí
6. No	14. Sí	22. Sí
7. Sí	15. No	23. No
8. Sí	16. No	24. No

EVALUACIÓN

Entre 19 y 24 respuestas correctas: Usted es una persona superior, que es estimada no sólo por sus jefes, sino por sus compañeros de trabajo. Puede tener éxito en cualquier tipo de trabajo, especialmente si contestó *sí* a la pregunta número 14.

Entre 13 y 18 respuestas correctas: Usted tiene algunas dificultades. Debe estudiar las preguntas para saber si los problemas tienen relación con Ud. o con las condiciones de su trabajo.

Entre 7 y 12 respuestas correctas: Debe examinar a qué grupo pertenece la mayoría de las respuestas incorrectas. Quizás Ud. necesita cambiar de trabajo, y al mismo tiempo, cambiar radicalmente muchas actitudes.

Entre 1 y 6 respuestas correctas: Su estado de infelicidad° es completo. Quizás trasciende los límites de su trabajo y está relacionado con otros aspectos de su vida. Debe solicitar la ayuda de un médico amigo o un sicólogo profesional.

unhappiness

De la revista *Vanidades* (Ciudad de Panamá)

La mujer, al ejército (Adaptado)

Después de conversar con los jefes de las Oficinas de Información y Relaciones Públicas de los tres Ejércitos, podemos ofrecerles una serie de conclusiones sobre un tema tan actual y polémico como es la incorporación de la mujer española al Ejército.

«Toda la estructura española está un poco anticuada° en este aspecto», comentan, y señalan que en otros países como Estados Unidos, la mujer forma parte activa de la milicia desde el año 1975, y que en Israel, el servicio militar es obligatorio para todas las personas de 18 años. — old-fashioned

La futura Academia Militar femenina española va a estar en Tortosa, ciudad de una enorme tradición militar.

«A la hora de considerar el tema —informan— se están estudiando dos posibilidades: una es la formación de un cuerpo auxiliar femenino independiente y otra es la incorporación directa de la mujer a los cuerpos y escalas actuales.» Estas soluciones no son excluyentes sino progresivamente adaptables. Saben el qué, el quién, el cuándo y el dónde van a hacer, pero algo muy distinto es saber cómo van a llevar a cabo este proyecto. «Otra cosa que queremos recalcar° —continúan— es que la integración de la mujer en el Ejército debe hacerse sin variar la estructura actual de las Fuerzas Armadas, es decir, sin aumentar el presupuesto.» — emphasize

Para entrar en la futura Academia de Tortosa, las mujeres deben reunir idénticos requisitos que los hasta ahora solicitados a los hombres. Lo único que debe suprimirse de las especificaciones que existen hoy en día es la de ser varón. Las pruebas físicas, los entrenamientos, las graduaciones, los ascensos... serán similares a los del hombre, excepto para aquellas circunstancias mínimas esenciales debidas a las diferencias fisiológicas que existen entre hombres y mujeres. La igualdad debe ser estricta y hasta los uniformes serán los mismos, aunque con unas ligeras° variantes. — slight

El hecho de no incorporar a la mujer a los puestos de combate no quiere decir que van a realizar trabajos menos importantes que los que hacen los varones, sino otros diferentes. En casi todos los países europeos hacen lo mismo. Por ahora, y sin querer subestimar° la misión que desarrollará la mujer en el Ejército, se la orienta más bien° a los servicios, donde tiene más posibilidades.

underestimate
rather

Si una mujer quiere desarrollar su profesión a través de° la vida militar, no quiere decir que necesariamente tiene que renunciar a tener una familia, unos hijos. Naturalmente, son muchas las personas que quieren saber qué problemas surgirán° si una mujer está embarazada. Un interrogante natural, pero de fácil solución, porque se pueden adaptar las disposiciones legales ya existentes. Pero es de suponer que la persona que opta por este tipo de vida, no se casa al día siguiente y empieza a tener hijos. Una cosa muy clara es que el Ejército va a ofrecer a la mujer española una solución al problema del monstruoso desempleo que existe en este país.

through
will come up

Preguntamos si las mujeres serán bien recibidas en el Ejército y afirman que la presencia femenina es imprescindible° en determinados aspectos y actividades militares. «Desde luego —dicen—todos nosotros estamos encantados° de recibirlas; porque aparte de ser más inteligentes que nosotros, y eso está demostrado desde hace tiempo, saben en todo momento cómo hacer las cosas y cómo conseguirlas. En consecuencia —continúan— no se debilita° la imagen del Ejército por aceptar a la mujer, sino todo lo contrario, se suaviza,° se civiliza, se humaniza... Eso será beneficioso para nosotros y para el país.»

indispensable
delighted
weaken
it becomes smooth

Del diario *ABC* (Madrid)

Comente usted...

1. ¿Qué diferencia hay entre la mujer española y la de otros países en relación con el ejército?
2. ¿Qué dos posibilidades se estudian en cuanto a la incorporación de la mujer española al ejército?
3. Los requisitos para entrar en el ejército, ¿van a ser similares para los hombres y las mujeres? ¿Va a haber alguna diferencia? ¿Por qué?
4. ¿Van a incorporar a la mujer a los puestos de combate? ¿Por qué?
5. ¿Qué problemas preocupan a los jefes del ejército en cuanto a la incorporación de la mujer al mismo?
6. ¿Qué solución va a ofrecer el ejército a la mujer española?
7. ¿Qué señalan los jefes sobre la presencia femenina en el ejército?
8. ¿Por qué va a ser beneficiosa para el ejército la presencia de la mujer?

¿Cómo es la mujer de hoy?

México

María Guadalupe Aguirre Soria, además de Licenciada en Derecho,° es Magistrada Fundadora del Tribunal de lo Contencioso Administrativo de la ciudad de México y ocupa la Presidencia de la Primera Sala del propio Tribunal. Tiene una idea precisa de cómo es la mujer mexicana actual. — law

«Hablando generalmente puedo decir que trata de superarse° cada vez más. Es la clase social media la que más trata de alcanzar posiciones a través de su preparación y la superación personal. Solteras y casadas buscan una actividad más individual. Ya no se contentan con el cliché establecido de mujer abnegada y sufrida. Su empeño° por encontrar su lugar como individuo y persona valiosa, la impulsa a ensayar° nuevos caminos de progreso y preparación y a ocupar puestos importantes. Es una mujer que lucha, cambia conceptos e implanta su propio estilo de vida porque se sabe importante y valiosa.» — improve; dilligence; to try

Ecuador

Victoria Puig de Lange, periodista internacional que en 1975 fue elegida la mujer más importante de su país, nació en Guayaquil, Ecuador, y es tal vez una de las mujeres más populares de América a través de sus artículos en *Vanidades,* donde es redactora° ejecutiva. Ha viajado mucho, ha representado al Ecuador en el servicio exterior en varios países y cree tener una idea clara de la mujer latinoamericana en general, y la ecuatoriana en particular. — editor

«La mujer ecuatoriana», dice Victoria, «es una mujer valiente y un poco rebelde, y la de hoy es excepcionalmente liberada. Ya no está situada exclusivamente en el plano doméstico; ha invadido las universidades, las empresas comerciales e industriales y la banca. En la empresa privada, hay ejecutivas formidables y es también muy activa en la Administración Pública y en la política.»

«Es mujer sumamente independiente. El núcleo familiar continúa fuerte, pero muchas muchachas empiezan a vivir solas. El matrimonio es ahora una opción y no una meta absoluta. Hemos hablado, naturalmente, de la mujer intelectual. En el campo, en la clase muy pobre, todavía la mujer está oprimida,° aunque cada vez encuentra más gente que trata de informarla de sus derechos.» oppressed

Colombia

La contribución femenina a la TV colombiana tiene un nombre: Gloria Valencia de Castaño, que tiene a su cargo toda clase de programas: infantiles,° children's musicales, de concurso y aquéllos que son sus favoritos, los culturales. No solamente es gran animadora° hostess, M.C. de TV sino también una estupenda comentarista de radio en donde tiene un programa ya conocidísimo entre los colombianos y que se retrasmite por muchas emisoras de diferentes países llamado «Carta de Colombia». Colabora además en varios diarios colombianos y algunas revistas, una de las cuales dirige. Ha ganado numerosos premios, entre ellos el «Ondas» de Barcelona, por su programa «Carta de Colombia» que también se trasmite por televisión. Japón le otorgó° awarded un gran premio por su labor en la TV Educativa. El último premio recibido fue el «Guaicaipuro de Oro» de Venezuela. Es además miembro de la Junta Directiva de la Unión de Ciudadanas de Colombia y tiene otros cargos.° positions

Sobre la mujer colombiana de hoy dice: «La mujer colombiana perdió el miedo a dejar el hogar para salir a la Universidad, a las oficinas, a la industria, a los medios de comunicación. Se siente protegida por las leyes del país. Está enterada° en mayor o menor grado de los problemas nacionales y consciente de su responsabilidad. Ante el amor actúa con gran honestidad: no cree en los vínculos obligatorios ni en las imposiciones de clase o conveniencia. Ya no espera a ser elegida por el hombre; la elección es suya.»

is aware

España

Marta Portal es asturiana. Desde muy niña vivió en Gijón y más tarde en Madrid, de donde se trasladó° a Palma de Mallorca al contraer matrimonio.° En 1966 obtuvo el Premio Planeta con su novela *A tientas y a ciegas*, y se colocó° en el primer plano de la actualidad literaria nacional. Después publica varias novelas más que la consagran° definitivamente. Su último libro *Proceso narrativo de la revolución mexicana* ha sido considerado por los críticos como una valiosa contribución al ensayo° y ha tenido un gran éxito en la última Feria del Libro celebrada en Madrid. Marta define en forma simple y casi gráfica a la mujer española de hoy:

moved
al... upon getting married
placed herself
make her famous
essay

«Hay grandes diferencias entre las españolas de distintas clases sociales así como entre la mujer del campo y la de la capital. Yo pienso que la nota más característica de la mujer española de hoy, es la de que trabaja, tiene una profesión. Si momentáneamente la ha abandonado para atender la vida familiar con hijos pequeños piensa volver a esa profesión en años próximos. Es decir, no tiene como único horizonte la familia sino que considera igualmente la meta profesional. Entiende y habla de política. Le gusta la idea de tener dos o tres niños, no más. Creo que votaría a favor de una ley justa sobre el divorcio. En general, es una mujer que tiene intereses más vastos y generosos que sus antecesoras.»°

ancestors

Artículo adaptado de *Vanidades*, (Ciudad de Panamá)

* * *

Comente usted...

1. ¿Qué puede Ud. decir sobre la mujer mexicana de la clase media actual?
2. ¿Qué imagen tiene de sí misma la mujer mexicana de hoy?
3. ¿Por qué cree usted que Victoria Puig está capacitada para dar su opinión sobre la mujer ecuatoriana y la mujer latinoamericana en general?
4. ¿Qué diferencias hay en el Ecuador, según Victoria Puig, entre la mujer intelectual y la mujer del campo?
5. ¿Qué ideas tiene la mujer ecuatoriana moderna con respecto a la familia?
6. ¿Qué clases de programas de televisión tiene a su cargo Gloria Valencia de Castaño?
7. ¿En qué aspectos es similar la mujer colombiana a la mujer norteamericana?
8. ¿Cómo es la mujer española de hoy, según la asturiana Marta Portal?

Desde su mundo

1. ¿Tiene Ud. las virtudes necesarias para triunfar en su carrera?
2. ¿Qué cosas cree Ud. que debe hacer para progresar en su trabajo (sus estudios)?
3. ¿Participa la mujer norteamericana en todas las actividades del ejército?
4. ¿Qué opina usted sobre la incorporación de la mujer al ejército?
5. Hablando generalmente, ¿cómo es la mujer norteamericana actual?
6. ¿Qué diferencias hay entre la mujer de hoy y la de hace treinta años?
7. En los Estados Unidos, ¿cuál es la contribución femenina al mundo de la televisión y del cine?
8. ¿Qué mujeres conoce Ud. que desempeñan papeles importantes en el gobierno norteamericano?

VOCABULARIO

NOMBRES

el **ascenso** promotion
la **clase media** middle class
el **concurso** contest
el **cuerpo** body
el (la) **dueño(a)** owner
el **ejército** army
la **emisora** station *(i.e., radio)*
la **empresa** enterprise
el **entrenamiento** training
el **grado** degree
el (la) **jefe(a)** chief, director
la **llamada** call
la **meta** goal
el **miembro** member
el **premio** prize
el **presupuesto** budget
el **requisito** requirement
el **tamaño** size
el **tribunal** court
el **varón** male

VERBOS

averiguar to find out
compartir to share
dirigir to direct
luchar to struggle, to fight
señalar to indicate
suprimir to eliminate

ADJETIVOS

embarazada pregnant
valiente brave, courageous
valioso(a) valuable

OTRAS PALABRAS Y EXPRESIONES

tal vez perhaps
tener al cargo de uno to be in charge
tener la culpa to be one's fault
tomar una decisión to make a decision

Palabras y más palabras

Las palabras que aparecen en las selecciones... ¿forman ya parte de su vocabulario? ¡Vamos a ver!

Complete las siguientes oraciones utilizando las palabras del vocabulario.

1. El ____ del departamento de inglés dice que debo tomar los ____ primero.
2. Tiene dos hijos: una niña y un ____ .
3. Después del período de ____ , todos vamos a recibir un ____ .
4. Ella va a tener un hijo, pero tal vez su familia no sabe que ella está ____ .
5. ¿Qué quieres estudiar? ¿Cuál es tu ____ ? ¡Debes tomar una ____ !
6. Dicen que van a ____ muchos puestos, y que los empleados tienen la ____ .
7. Su jefe dice que ella es una secretaria muy ____ .
8. Necesitamos preparar un ____ antes de decidir.
9. El ____ del hotel debe averiguar los precios de las ____ telefónicas.
10. Todos los ____ del club van a recibir premios.
11. Mi familia no es rica ni pobre; es de la ____ .
12. El es muy ____ ; luchó en el ____ durante la guerra.
13. La empresa donde trabaja mi esposo va a comprar una ____ de radio; y él va a tener a su ____ todos los programas.

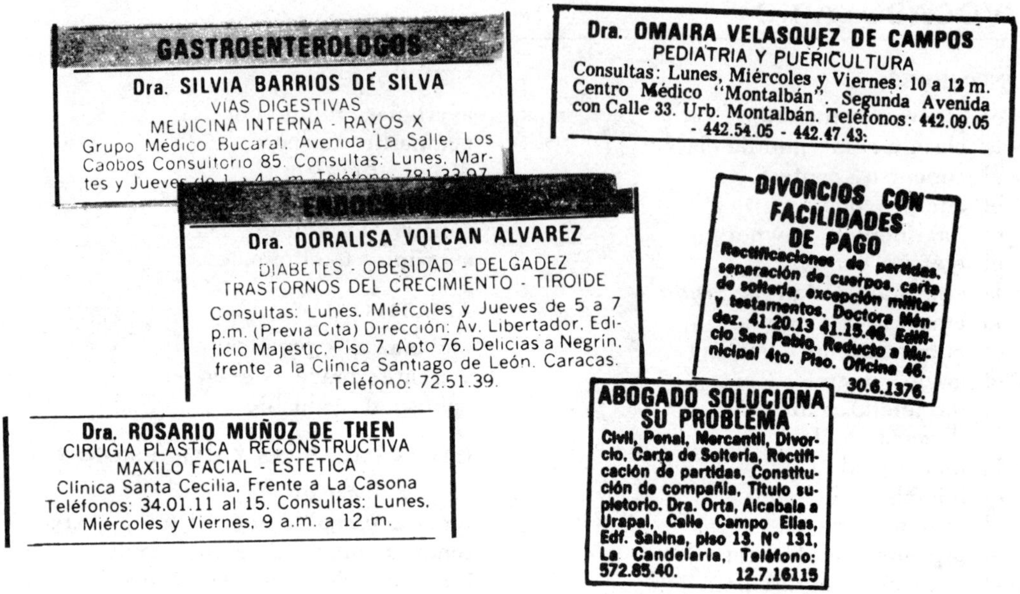
GASTROENTEROLOGOS
Dra. SILVIA BARRIOS DE SILVA
VIAS DIGESTIVAS
MEDICINA INTERNA - RAYOS X
Grupo Médico Bucaral. Avenida La Salle. Los Caobos Consultorio 85. Consultas: Lunes, Martes y Jueves

Dra. OMAIRA VELASQUEZ DE CAMPOS
PEDIATRIA Y PUERICULTURA
Consultas: Lunes, Miércoles y Viernes: 10 a 12 m. Centro Médico "Montalbán". Segunda Avenida con Calle 33. Urb. Montalbán. Teléfonos: 442.09.05 - 442.54.05 - 442.47.43:

Dra. DORALISA VOLCAN ALVAREZ
DIABETES - OBESIDAD - DELGADEZ
TRASTORNOS DEL CRECIMIENTO - TIROIDE
Consultas: Lunes, Miércoles y Jueves de 5 a 7 p.m. (Previa Cita) Dirección: Av. Libertador, Edificio Majestic, Piso 7, Apto 76. Delicias a Negrín, frente a la Clínica Santiago de León. Caracas.
Teléfono: 72.51.39.

DIVORCIOS CON FACILIDADES DE PAGO
Rectificaciones de partidas, separación de cuerpos, carta de soltería, excepción militar y testamentos. Doctora Méndez. 41.20.13 41.15.46. Edificio San Pablo, Reducto a Municipal 4to. Piso. Oficina 46.
30.6.1376.

Dra. ROSARIO MUÑOZ DE THEN
CIRUGIA PLASTICA RECONSTRUCTIVA
MAXILO FACIAL - ESTETICA
Clínica Santa Cecilia, Frente a La Casona
Teléfonos: 34.01.11 al 15. Consultas: Lunes, Miércoles y Viernes, 9 a.m. a 12 m.

ABOGADO SOLUCIONA SU PROBLEMA
Civil, Penal, Mercantil, Divorcio, Carta de Soltería, Rectificación de partidas, Constitución de compañía, Título supletorio. Dra. Orta, Alcabala a Urapal, Calle Campo Elías, Edf. Sabina, piso 13. N° 131, La Candelaria, Teléfono: 572.85.40. 12.7.16115

14. Tengo catarro y me duele todo el ____ .
15. Cuando viajamos siempre ____ la misma habitación en el hotel.
16. Puedes ponerte mis zapatos, porque tú y yo usamos el mismo ____ .
17. Debemos señalar que la persona que ____ el programa es una mujer.
18. Ya tiene el título de abogado, y ahora trabaja en el ____ de lo Contencioso Administrativo.

EXPANSIÓN DE VOCABULARIO (Actividad opcional)

Familia de palabras

VERBOS	NOMBRES	ADJETIVOS
beneficiar	beneficio	beneficioso
crear	creación	creativo
envidiar	envidia	envidioso
estudiar	estudio	estudioso
integrar	integración	integrado
obligar	obligación	obligatorio
ocupar	ocupación	ocupado
preferir	preferencia	preferido
progresar	progreso	progresivo
preparar	preparación	preparado
satisfacer	satisfacción	satisfecho
triunfar	triunfo	triunfante

¿Cuánto vocabulario nuevo ha aprendido usted?

Complete las siguientes oraciones usando palabras de la lista anterior, según corresponda.

1. Jorge estudia todo el tiempo. Es muy ___ .
2. Triunfar es muy difícil; pero el ___ nos llena de satisfacción.
3. Elena es mi amiga ___ . La prefiero a ella entre todas mis amigas.
4. Tratan de integrar las escuelas, pero la ___ es muy lenta.
5. Él no está ___ para ese trabajo porque no tiene ninguna preparación literaria.
6. Nunca está satisfecho con nada; es una persona muy difícil de ___ .
7. Es un país muy progresivo. Está ___ muy rápidamente.
8. Es una persona muy envidiosa. Siente ___ de todos.
9. No es una obligación tomar el curso. No podemos ___ a los estudiantes a tomarlo.
10. Siempre está ocupado; tiene muchas ___ .
11. Génesis narra cómo Dios creó el mundo. Es una historia de la ___ .
12. Ese programa ___ a muchos estudiantes. Es un programa muy beneficioso.

Actividades especiales

A. La clase se divide en grupos de dos. Un estudiante es el consejero y el otro es la persona que está pidiendo información y consejos sobre cómo conseguir y mantener un buen empleo.

Puntos importantes a tener en cuenta:

1. Preparación que necesita
2. Características personales
3. Tipo de trabajo que desea obtener
4. Salario
5. Beneficios que espera obtener

B. *Elección de la «mujer del año»*

Cada estudiante presenta su candidata, dando el nombre y la profesión de la mujer, y las razones por las cuales cree que debe ser elegida. Después de la presentación de las candidatas, la clase puede hacer preguntas. Finalmente, los estudiantes votarán por la favorita, que será elegida «Mujer del año.»

* * *

Composición

Escriba una composición dando sus ideas sobre el papel que debe desempeñar la mujer en el ejército.

Puntos a considerar:

1. Funciones que la mujer debe realizar
2. Razones por las cuales debe o no luchar en el frente
3. Problemas especiales que puede tener la mujer
4. Beneficios y problemas que puede traer la presencia de la mujer en el ejército
5. ¿Debe llenar la mujer los mismos requisitos que el hombre?
6. Países en los cuales la mujer desempeña un papel activo en el ejército y su importancia en él

UNA ADIVINANZA

Es una señora
muy enseñorada° — in control of herself
que siempre va en coche
y siempre está mojada.° — wet

Sin palabras

La lengua

3
La artesanía

La tierra del ñandutí (Adaptado)

En el Paraguay, país legendario de la América del Sur, encontramos bellísimos ejemplos de una artesanía que refleja la influencia de su antepasado indígena y la cultura y la religión de los conquistadores españoles. Hay pueblos enteros en el interior que son centros de diversos tipos de artesanía.

Una leyenda cuenta el origen del famoso encaje de *ñandutí*, que en guaraní[1] significa «telaraña».° Dicen que una hermosa muchacha paraguaya fue al bosque a buscar a su novio y lo encontró muerto, con su cuerpo cubierto de telaraña. La muchacha corrió a su casa, volvió trayendo hilo y aguja, y, copiando el diseño, hizo una mortaja° para su amado.

spider web

shroud

La confección del encaje fue introducida por los españoles, pero las mujeres paraguayas adaptaron los diseños a su propia cultura, y hoy tejen maravillas° que usan para hacer manteles, sobrecamas, vestidos, mantillas,° etc.

wonders
headcovers

Otro ejemplo de la artesanía paraguaya es el famoso *ahó poí*, que significa «tela fina». Es un material bordado generalmente a mano con el que se confeccionan blusas, camisas, vestidos, corbatas, etc.

Paraguay es famoso también por sus artículos hechos con maderas propias del país, como por ejemplo la del lapacho. Con esta madera se fabrican objetos de adorno y utensilios para el hogar así como imágenes religiosas.

El turista que visita Asunción, la capital paraguaya, queda fascinado también con las hermosísimas joyas: aros de filigrana, collares y braceletes de coral, y los anillos de ramales, muy populares entre los jóvenes, a quienes les gusta armarlos y desarmarlos, pues son como pequeños rompecabezas de plata u oro.

Los objetos de cuero repujado,° los sombreros y cestas de paja, los ponchos y mantas multicolores y los bonitos adornos de cerámica son una verdadera tentación para el viajero. Y aquél que quiera vivir realmente el encanto° de

embossed

charm

[1]Aunque el idioma oficial del Paraguay es el español, los paraguayos hablan también el guaraní, un idioma indio.

COMPRE
EN
PARAGUAY
Los mejores productos
mundiales,
para Ud. y los suyos
GALERIAS
GUARANI
PALMA 931 - Teléfonos 91 246 - 91 247 - 92 377
PALMA 852 - Teléfonos 93 037 - 93 275
Télex 381 PY GAGUSA

este país sudamericano, puede adquirir una de esas famosas hamacas de flecos,° que hay en todo hogar asunceno, colgarla entre dos árboles, y dormir allí la siesta en esos días calurosos y largos del verano paraguayo.

fringes

De la publicación *Land of Lace and Legend,* por «Las amigas norteamericanas del Paraguay».

Comente usted...

1. ¿Qué refleja la artesanía paraguaya?
2. ¿Cuál es la leyenda que existe sobre el origen del encaje de *ñandutí?*
3. ¿Por quiénes fue introducida la confección del encaje y qué se hace hoy en día con el *ñandutí?*
4. ¿Qué es el *ahó poí* y para qué se usa?
5. ¿Qué objetos fabrican en Paraguay con la madera del lapacho?
6. ¿Qué tipos de joyas encuentran los turistas en Paraguay?
7. ¿Qué es un anillo de ramales y por qué es popular entre los jóvenes?
8. Además del español, ¿qué otro idioma hablan en Paraguay?

La artesanía en el Ecuador

(Adaptado)

El estudio de las artesanías antiguas del Ecuador nos sirve para conocer y comprender mejor el trabajo de los artesanos de ese país. De las múltiples variedades que podemos estudiar hemos seleccionado tres: cerámica, tejidos y la fabricación de sombreros de paja.

Cerámica

Se sabe que los indígenas sudamericanos conocieron y dominaron casi todas las técnicas de la cerámica; sin embargo, muchas de estas técnicas, sobre todo las que se relacionan con el cocido° de las piezas, no se conocen completamente todavía. En nuestra opinión la cerámica de los indígenas de la zona montañosa de los Andes les muestra el camino a los arqueólogos para estudiar estas técnicas, pues la cerámica de estos lugares es una de las que mejor conserva, por su calidad, colores y formas, las características de la primitiva cerámica sudamericana.

baking

En el Ecuador, uno de los grupos más representativos de este tipo de cerámica es el de los indios jíbaros. Estos indígenas hacen vasijas° a las que ellos llaman «mocahua», en las cuales preparan y conservan la chicha; pues aunque utilizan para la preparación de sus comidas diarias utensilios de aluminio u otro tipo de materiales industriales, en la preparación de la chicha—su bebida tradicional—las vasijas de cerámica son necesarias para mejorar el sabor de la misma, y también ayudan a su conservación.

receptacles

Por tradición, la confección° de estas vasijas corresponde estrictamente a las mujeres de la tribu, y su secreto, que viene de tiempos inmemoriales, se transmite de madres a hijas, estándole prohibido a los hombres intervenir hasta en la venta de estas vasijas.

making

La elaboración de esta cerámica es totalmente rudimentaria, pues no utilizan en ella ningún recurso° mecánico, sino sólo el trabajo manual. El material utilizado para la confección de las vasijas es el barro tomado de las orillas de los ríos, el cual no debe estar ni excesivamente duro ni demasiado suave, para poder resistir el proceso de elaboración. Este barro lo trabaja la jíbara en un banco; sobre él forma primero la base de la vasija y después agrega capas° sucesivas de barro en cantidad proporcional al tamaño y forma que se desea. Después de terminada la confección de la vasija, la dejan secar por unos días, más tarde la pintan con los colores básicos, el blanco y el café, y después la decoran con diferentes dibujos. Terminada la decoración, ponen la vasija en el fuego por cierto tiempo, después la sacan, y cuando está fría, la cubren con una especie de brillo° natural.

means

layers

shine

El tamaño de las vasijas varía de acuerdo con el uso; las vasijas de gran tamaño se usan para guardar la chicha y las vasijas pequeñas sirven de vasos para beberla.

Tejidos

Ningún otro pueblo posee la maestría en el dominio de los instrumentos de tejer como los indígenas de los Andes. Otavalo, situada al norte del Ecuador, sobresale por la habilidad de sus indios en los trabajos manuales: alfarería,° tejidos, bordados,° cestería° y muchos otros más.

pottery
embroidery / basket-making

Los indios realizan sus tejidos en grandes telares° de madera que existían desde antes de los españoles. Éstos los obligaban a tejer en exceso causándoles muchas veces hasta la muerte, debido al duro y excesivo trabajo. A pesar de los siglos que duró la dominación, los indígenas no perdieron sus rasgos° culturales sino que más bien los desarrollaron y todavía hoy existen.

looms
features

En lo referente a tejidos, son característicos los ponchos, usados por los indígenas por costumbre y tradición, generalmente en colores oscuros como el negro y el azul. Estos ponchos consisten en una especie de capote° sin mangas y con una abertura° para la cabeza.

cape
opening

El poncho se teje con la lana que obtienen de las ovejas.° Después de cortada la lana, la hierven,° la enjuagan,° la secan, la envuelven, y después la usan para la fabricación de hilos. Los telares más antiguos los encontramos en los pueblos cerca de Otavalo. Debido a la gran cantidad de turistas que visitan el lugar para ver y comprar sus maravillosos trabajos manuales, la forma de obtener el material y su elaboración ha cambiado mucho. Hoy hay fábricas que ya no usan los antiguos telares de madera sino que usan máquinas modernas. Los modelos también han sufrido algunas modificaciones y ahora se fabrican ponchos de colores más brillantes y con dibujos más modernos.

sheep / boil / rinse

La fabricación de sombreros

Posiblemente el primer sombrero de paja toquilla viene del siglo XVI, pero el comercio de los sombreros no comenzó hasta después de la llegada de los españoles a Ecuador.

En 1884 se exportaron por primera vez los sombreros y, desde entonces, el primer importador es Estados Unidos. A principios° del presente siglo comenzó a llamárselos impropiamente sombreros Panamá, debido a que en dicho país tejían sombreros similares con la paja toquilla importada del Ecuador.

at the beginning of

Artesanía del Ecuador.

La paja toquilla es una planta silvestre° que abunda en las montañas de Manglaralto y en las cercanías de Montecristo. El material se corta cuando la planta está verde, se hierve en agua y finalmente se pone al sol para secarlo. Entonces toma un color amarillo. Para la confección del sombrero es necesario humedecer° la paja y el trabajo debe hacerse dentro de la casa porque el sol quiebra° fácilmente la paja. Mientras más delgada es la paja, mejor es la calidad del sombrero. Para confeccionar un sombrero corriente se necesitan uno o dos días de trabajo, y para confeccionar uno de la mejor calidad se necesita alrededor de° un mes y medio.

wild
wet
breaks
about

La producción de sombreros es mucho menor ahora debido a que los antiguos fabricantes° se dedican hoy en día al cultivo del café, lo que les permite trabajar menos tiempo y ganar más dinero.

makers

De *Artesanía Folclórica en el Ecuador*. Editado por el Directorio y el Rectorado del Colegio Alemán Humboldt en 1971, Guayaquil, Ecuador.

Comente usted...

1. ¿Cuáles son las tres variedades más importantes que nos permiten conocer la artesanía del Ecuador?
2. Según los autores del artículo, ¿por qué es importante para los arqueólogos el estudio de la cerámica de los indígenas de los Andes?
3. ¿Para qué usan los indios jíbaros las vasijas llamadas «mocahuas»?
4. ¿Quiénes confeccionan estas vasijas?
5. Explique Ud. cómo confeccionan las jíbaras las *mocahuas*.
6. ¿Qué hacen los indios después que terminan la confección de las vasijas y para qué las usan?
7. ¿En qué sobresalen los indígenas de Otavalo?
8. ¿A qué obligaban los españoles a los indios?
9. ¿Cómo son los ponchos que usan los indios?
10. ¿Cómo se confeccionan los ponchos?
11. ¿Qué diferencias hay entre los ponchos antiguos y los de hoy en día?
12. ¿Cuándo comenzó en el Ecuador el comercio de los sombreros de paja?
13. ¿Es correcto llamar a estos sombreros «sombreros de Panamá»? ¿Por qué?
14. ¿Qué hacen con la paja toquilla para confeccionar los sombreros?
15. ¿Por qué es mucho menor la producción de sombreros de paja toquilla hoy en día?

Una chica peruana, luciendo el típico poncho de vicuña.

Desde su mundo

1. ¿Qué tipo de artesanía indígena existe en los Estados Unidos?
2. ¿Conoce Ud. alguna leyenda norteamericana? ¿Cuál?
3. ¿Sabe Ud. tejer?
4. ¿Qué objetos de artesanía tiene Ud. en su casa?
5. ¿Sabe Ud. hacer objetos de cerámica?
6. ¿Qué tribus indias existen en los Estados Unidos y qué idiomas hablan?
7. ¿Qué objetos de artesanía va a elegir Ud. para adornar su casa?
8. De las diferentes clases de artesanía, ¿cuál prefiere Ud. aprender?

VOCABULARIO

NOMBRES

el **adorno** ornament
la **aguja** needle
el **anillo** ring
el **antepasado** ancestor
los **aros,** los **aretes** earrings
la **artesanía** arts and crafts
el **banco** bench
el **barro** mud
el **bosque** forest
la **calidad** quality
la **cesta** basket
el **collar** necklace
el **dibujo** drawing
el **diseño** design
el **encaje** lace
el **hilo** thread
la **joya** jewel
la **lana** wool
la **manga** sleeve
la **orilla** edge, shore
la **paja** straw
el **rompecabezas** puzzle
el **sabor** flavor
el **siglo** century
la **sobrecama,** el **cubrecama** bedspread
el **tejido,** la **tela** fabric

VERBOS

colgar to hang (up)
pintar to paint
secar to dry
tejer to knit

ADJETIVOS

bordado(a) embroidered
caluroso(a) hot

OTRAS PALABRAS Y EXPRESIONES

a mano by hand
así como such as

Palabras y más palabras

Las palabras nuevas que aparecen en las selecciones, ¿forman ya parte de su vocabulario?... ¡Vamos a ver!

Dé la palabra o frase que corresponde a lo siguiente.

1. aros, anillos, collares, brazaletes, etc.
2. cien años
3. material que se usa para hacer cestas y sombreros
4. lugar donde hay muchos árboles
5. lo que usamos para coser
6. parte de una camisa donde ponemos los brazos
7. pelo de la oveja
8. opuesto de *mojar*
9. ornamento
10. tela
11. gusto
12. cubrecama
13. que no está hecho a máquina
14. caliente

Tienda donde se venden objetos típicos de mimbre o de paja. Ciudad de Guatemala, Guatemala.

15. lo que hace un pintor
16. material que usan los jíbaros para hacer sus vasijas
17. alfarería, cerámica, cestería, etc.
18. personas que vivieron antes que nosotros
19. poner un cuadro en la pared
20. material hecho con hilos tejidos formando diseños ornamentales
21. como por ejemplo
22. problema para ejercitar la mente
23. lo que dibujamos
24. lados del río

EXPANSIÓN DE VOCABULARIO (Actividad opcional)

Palabras relacionadas con la ropa

el **vestido**, la **blusa**, la **camisa**:
- **de mangas cortas** short sleeves
- **de mangas largas** long sleeves
- **sin mangas** sleeveless
- **a rayas** striped
- **a cuadros** plaid
- **estampado(a)** print

el **nilón** nylon
la **seda** silk
el **terciopelo** velvet
el **hilo (lino)** linen cloth

Palabras relacionadas con la artesanía

el **barro,** la **arcilla** clay
el **mármol** marble
la **piedra** stone
la **alfombra** rug, carpet
las **monedas** coins
la **muñeca** doll
el **tapiz** tapestry
el **diamante** diamond
la **esmeralda** emerald
el **jade** jade
la **perla** pearl
el **rubí** ruby
el **topacio** topaz

¿Cuánto vocabulario nuevo ha aprendido usted?

Complete las siguientes oraciones según corresponda.

1. Mi blusa no es de seda sino de ____ .
2. No quiero un vestido de mangas cortas, ni de mangas largas sino ____ .
3. No me gustan las camisas estampadas, ni a cuadros. Me gustan a ____ .
4. El jade y la ____ son verdes.
5. El ____ es una piedra preciosa roja.
6. Él colecciona monedas y su hija colecciona ____ de distintos países.
7. Con un vestido negro es bueno llevar un collar de ____ .
8. La estatua es de ____ .
9. Los indios utilizan la ____ para hacer sus vasijas.
10. No puedes ponerla en la pared porque no es un tapiz, es una ____ .
11. El ____ es una piedra amarilla.
12. En verano no usamos ropa de terciopelo; usamos ropa de ____ porque es más fresca.
13. Con un ____ podemos cortar un cristal.

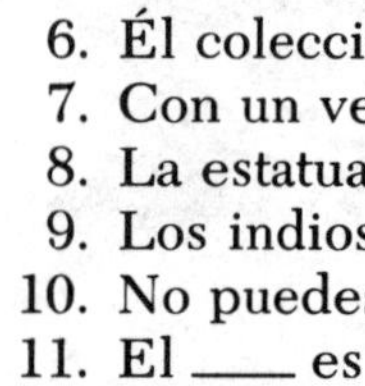
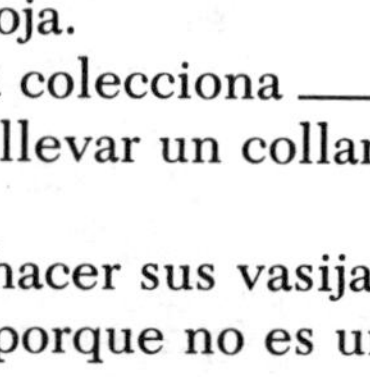
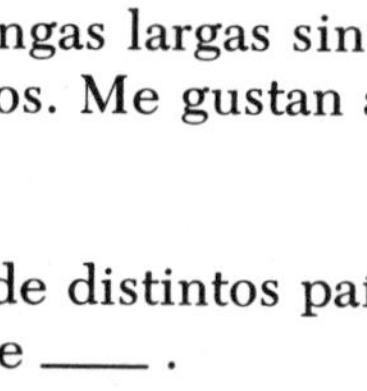
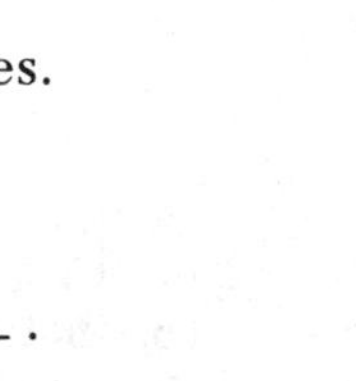

Actividades especiales

A. *Un rompecabezas*

En este cuadro hay doce palabras relacionadas con la artesanía. ¿Puede encontrarlas en cualquier dirección?

R	Z	A	B	P	O	N	C	H	O
J	R	O	V	A	S	I	J	A	S
A	O	O	J	O	Y	A	S	E	N
C	L	N	R	D	C	T	R	L	T
I	L	A	O	E	N	C	A	J	E
M	I	M	S	F	R	N	A	M	J
A	N	T	E	L	A	B	F	D	I
R	A	Z	T	O	Q	B	M	V	D
E	O	D	A	D	R	O	B	O	O
C	O	L	L	A	R	N	I	L	S

1. ______
2. ______
3. ______
4. ______
5. ______
6. ______
7. ______
8. ______
9. ______
10. ______
11. ______
12. ______

B. *¿Qué sabe Ud. hacer...?*

Escoja Ud. una actividad, juego, baile o cualquier otra cosa que Ud. sepa hacer y enséñeles a sus compañeros cómo se hace. Traiga Ud. todos los elementos necesarios para su demostración y trate de hacerla en unos minutos. Para servirle de guía tomemos como ejemplo la fabricación de sombreros de paja toquilla.

1. Elementos que necesitamos: paja toquilla
2. Pasos [*steps*] a seguir
   a. Debemos cortar la planta cuando está verde.
   b. Debemos hervirla y secarla al sol.
   c. Antes de comenzar el trabajo debemos humedecer la paja, etc., etc.

---

joya poncho vasijas encaje tejidos collar cerámica anillo sombrero bordado tela aros

Composición

Escriba Ud. una composición sobre la artesanía de alguna región o país.

1. Introducción
   a. Tipo de artesanía que Ud. va a describir
   b. Región o país en el cual se fabrica
2. Desarrollo
   a. Materiales y elementos que se usan
   b. Cómo se fabrica y quiénes lo hacen
   c. Existen o no influencias de otras culturas
3. Conclusión
   Importancia de este tipo de artesanía para la economía de la región o país

UNA ADIVINANZA

Oro parece,
Plata no es.
Quien no lo adivine
Muy tonto es.

Sin palabras

---

el plátano

4
El arte

Pablo Picasso. *The Three Musicians* (1921)

Uno de los cuadros de Picasso sobre el tema de la maternidad (1922).

Picasso (Adaptado)

En 1980, como parte de las celebraciones para conmemorar el centenario del nacimiento del pintor, el Museo de Arte Moderno de Nueva York desocupó° tres plantas para instalar allí la sensacional exposición «Picasso: una retrospectiva.» Cuadros, dibujos, esculturas, cerámica, grabados, diseños de vestuario, *collages*... Algunas piezas provenían° del propio museo, y también de otros 56 museos en el mundo, incluyendo el nuevo Museo Picasso en París.

emptied

came

Más de la tercera parte de la exposición estaba constituida por los picassos de Picasso, las obras que el pintor reservaba para sí,° y más de la mitad no había sido exhibida nunca en los Estados Unidos, ni siquiera en el propio Museo de Arte Moderno. Además, ésta sería la última ocasión en que el público americano podría contemplar el famoso cuadro *Guernica* antes de que lo devolvieran a España. La instalación se hizo de acuerdo a un orden cronológico, lo cual permitió contemplar la sucesión de los distintos períodos que se distinguen en la obra de Picasso: el azul, el rosa, el cubista, etc. — for himself

La obra de Picasso sólo puede ser interpretada en función de su propia vida. Una vida concentrada exclusivamente en el arte... y en las mujeres que lo inspiraron.

Parece que para cada mujer que amaba, Picasso inauguraba un nuevo estilo de pintar. Su romance, por ejemplo, con Fernande Olivier, que comenzó en 1905, señala el momento de tránsito del período azul, caracterizado por su triste melancolía, al más luminoso período rosa.

El encuentro con una mujer intelectual, Gertrude Stein, inició el período cubista con el retrato de la célebre escritora. Para Olga Koklova, su única esposa legítima, Picasso inventó el período clásico. Olga era una de las bailarinas de los famosos *Ballets Russes* y se dice que a ella no le gustaban las superficies planas y los colores monótonos del período cubista; por complacerla, Picasso lanzó° un nuevo estilo. De la misma manera, el nacimiento de su hijo Paulo movió a Picasso a realizar una serie de estudios sobre el tema de la maternidad. — launched

Con el comienzo de la guerra española empezó una nueva época en la obra de Picasso. En su famoso cuadro *Guernica* el artista denuncia los bombardeos de las ciudades españolas, y a partir de este momento, en la totalidad de sus cuadros comenzó a aparecer esa rabia característica que muchos califican de «erótica».

De la revista *Vanidades* (Ciudad de Panamá)

Comente usted...

1. ¿Cómo se celebró en Nueva York el centenario del nacimiento de Picasso?
2. ¿Por qué fue muy importante para el público la exposición que presentó el Museo de Arte Moderno?
3. ¿Qué ordenación siguió la instalación de la obra de Picasso?
4. ¿Qué cambio se vio en la pintura de Picasso después de conocer a Fernande Olivier?
5. ¿Cuándo inició Picasso el período cubista?

6. ¿Qué inventó Picasso para complacer a su esposa y por qué?
7. ¿Qué hizo el pintor después del nacimiento de su hijo Paulo?
8. ¿Qué importancia tiene su famoso cuadro «Guernica»?

HOY EN EL ARTE

Galería

(Una nueva forma de comunicación)

GASCON 36 Tel. 981-4311

Joan Miró (Adaptado)

Cuando Joan Miró presentó su primera exposición de pintura, en Barcelona, en febrero de 1918, muchos de los asistentes° sintieron una furia tal que destrozaron varios de sus dibujos. El veredicto: «Miró está loco.» Pero este famoso pintor catalán, considerado hoy en día uno de los «grandes» de nuestro siglo, indiferente a la crítica, siguió desarrollando su estilo personal. Él mismo° cuenta sus primeros años de extrema pobreza en París: «La vida era dura en aquellos días... Como era muy pobre, sólo podía comer una vez a la semana. Los otros días me contentaba con comer higos° secos y mascaba goma para aplacar el hambre.» De esta época también es su famoso cuadro *La Granja*, que pintó en Montroig, España, y tardó nueve meses en hacer. Por meses y meses recorrió las calles de

asistentes: people in attendance
Él mismo: he himself
higos: figs

París tratando de venderlo, pero nadie lo quería. Era tan grande, que ningún *marchand d'art* quería guardarlo en su galería. Uno de ellos le sugirió cortarlo en ocho pedazos y venderlo por separado. Miró no lo hizo y prefirió seguir pasando hambre. Un día le presentaron a Hemingway, a quien le encantó el cuadro pero no tenía dinero para comprarlo. Después de mucho sacrificio logró reunir el dinero ($50), se lo compró al pintor y lo conservó por el resto de su vida.

Mujeres en la noche (1945). Una muestra del estilo originalísimo del pintor catalán Joan Miró.

Robert Dutrou, uno de sus asistentes, nos habla de su maestro: «sus ojos siempre están alertas, buscando un detalle, una mancha de suciedad, un punto de color... Enseña realmente a ver cosas pequeñas, poco usuales y bellísimas que otros no toman en cuenta... Hasta una pared le interesa.» Un día, mostrándome una gota de líquido en la mesa, exclamó: «un punto brillante como éste me produce un *shock*... y con este *shock* puedo crear todo un universo...»

Miró le tiene horror a las discusiones y largas explicaciones sobre su pintura y el arte en general. Pierre Loeb nos cuenta este «intercambio» de ideas acerca de una de sus obras: —Es un caballo, ¿no?... —Sí, es cierto... —No, Joan, es un pájaro... —Sí, es cierto... Miró se niega simplemente a discutir el significado e inspiración de su obra. Para él, lo que cuenta es la creación plástica en sí. Y a los 83 años continúa trabajando incansablemente° en su casa de Palma de Mallorca. tirelessly

La fundación Joan Miró

El «Centro de Estudios de Arte contemporáneo», creado por Joan Miró, es una verdadera experiencia cultural. El edificio que lo alberga,° construido por el arquitecto Josep Luis Sert[1] en Barcelona, tiene salas de exposición, un auditorio para doscientas personas, biblioteca con capacidad para 18.000 volúmenes, lugares de reunión, y espacio para espectáculos. Una parte de los jardines y terrazas sirve para la exposición de esculturas, no sólo de Miró, sino de otros artistas contemporáneos. houses

La fundación también organiza periódicamente exposiciones de otros museos, fundaciones y colecciones particulares de todo el mundo. Ofrece también actos y conferencias sobre música, teatro, cine, video y poesía. Ahora se propone conceder premios y becas para despertar vocaciones, colaborar en la formación de jóvenes artistas e investigadores, ayudarlos en su trabajo y dar a conocer su obra. En una palabra, su meta es ser un centro de difusión de todas las manifestaciones culturales y creativas.

De la revista *Vanidades* (Ciudad de Panamá)

---

[1]Josep Luis Sert ha tenido mucha influencia en la arquitectura norteamericana.

Comente usted...

1. ¿Qué ocurrió cuando Joan Miró presentó su primera exposición de pintura?
2. ¿Qué nos cuenta el pintor sobre sus primeros años en París?
3. ¿Qué problemas tuvo Miró con su cuadro *La Granja*?
4. ¿Quién compró el cuadro y cuánto pagó por él?
5. ¿Qué nos dice Robert Dutrou sobre Miró?
6. ¿Por qué se niega Miró a discutir su obra? Cuente la anécdota que ilustra esta actitud del pintor.
7. ¿Qué es la «Fundación Joan Miró»?
8. ¿Qué labor realiza la fundación?

El embrujo° de los ritmos cubanos (Adaptado)

bewitching

Cuba es la fuente principal de los ritmos populares latinos y su música es confluencia de la cultura española y la africana.

El conocido antropólogo e investigador cubano Fernando Ortiz atribuye este mestizaje° musical a los «amores de la vihuela° española con el tambor africano», cuyo resultado es una música mulata. El musicólogo estadounidense Gilbert Chase completa esta descripción al añadir que, a pesar de la influencia africana, la base melódica se mantuvo eminentemente hispana.

hybridism
early guitar

La Habana, al oeste, y Santiago de Cuba, al este, fueron los principales centros generadores de música cubana, manteniendo diferencias de estilo y estimulando la rivalidad musical. Allí nacieron el son afrocubano en el siglo XVI, y la guaracha doscientos años más tarde.

Un importante acontecimiento político en el siglo XVIII que dio impulso al desarrollo de la música cubana fue el éxodo de franceses y esclavos° de Haití a Santiago de Cuba. Esta nueva inmigración trajo no sólo obras teatrales y poéticas, sino también nuevos bailes y formas musicales como el minué y el vals.°

slaves
waltz

Uno de estos estilos franceses, la *contredanse*, se hizo muy popular en Cuba y los músicos cubanos y haitianos, generalmente de ascendencia africana, la transformaron en ritmo más vivo y sincopado. De esa modificación nació la contradanza cubana, cuya popularidad se propagó rápidamente de Santiago de Cuba a La Habana, y de allí se reexportó a Madrid y a París donde se publicaron varias obras de Manuel Saumell y otros compositores cubanos.

El origen de los ritmos latinos de hoy se remonta° a esa época. Del son oriental nacen el son y la guaracha modernos, la rumba, el pregón y sus derivados. De la contradanza surgieron la danza, la habanera, el danzón y, por último, el chachachá.

goes back

En el campo, sin embargo, se dejaba oír el eco de España: el punto, la décima, la guajira y el zapateo, expresiones musicales de los guajiros (campesinos) con acompañamiento° de guitarra y claves (instrumento percusivo consistente en dos palitos de madera dura). Otra forma

accompaniment

rural, la guantanamera (de Guantánamo, Oriente), se hizo muy popular en los Estados Unidos cuando se revivió, en la década de 1960 con los versos sencillos° de José Martí, patriota-poeta cubano del siglo pasado.

simple

Fernando Ortiz denomina «eurocubano» al tipo de música producido por influencias europeas blancas (el punto, la guajira y la canción romántica) y afrocubano al producto de la integración de las culturas de los negros del África y los blancos de Europa (la contradanza, la conga, la rumba, el son, el mambo y el chachachá).

Las corrientes europeas, sin embargo, ayudaron a promover lo clásico entre los músicos cubanos, muchos de los cuales se formaron en Europa, incluso el violinista negro Claudio Brindis de Salas, «el Paganini negro», quien se destacó en el Conservatorio de París y obtuvo fama en el exterior.

Entre los compositores cubanos más famosos tenemos a Ignacio Cervantes, autor de «Melodía cubana», José White, cuya obra más conocida es «La bella cubana» y Eduardo Sánchez de Fuentes, que en 1894 compuso la habanera «Tú».

En el siglo XX, dos compositores cubanos de música sinfónica sobresalen como creadores nacionalistas: Amadeo Roldán, compositor de «Los motivos de son», y Alejandro García Caturla que es conocido por sus composiciones afrocubanas, entre ellas «La rumba».

La zarzuela, género lírico-dramático español, influye también en la música cubana. Los más famosos zarzuelistas cubanos de este siglo son Gonzalo Roig y Ernesto Lecuona, dos músicos excepcionales. Roig era director de la primera orquesta sinfónica de Cuba cuando escribió la famosa canción «Quiéreme mucho» y otras obras que triunfaron en los Estados Unidos y en Europa. Su zarzuela costumbrista, «Cecilia Valdés», basada en la novela de Cirilo Villaverde, muestra el desnivel social entre esclavos y aristócratas criollos de La Habana colonial.

El prolífico compositor y pianista Ernesto Lecuona produjo «María la O», de tema afrocubano; «Rosa la china» y «El cafetal», de sabor campesino. Ernesto Lecuona inició la época de oro de la música cubana en los Estados Unidos con el debut de «Siboney» en 1929. A través de canciones románticas, congas, rumbas, danzas, piezas para piano y música para películas, Lecuona obtuvo el favor del público de los Estados Unidos y de Europa.

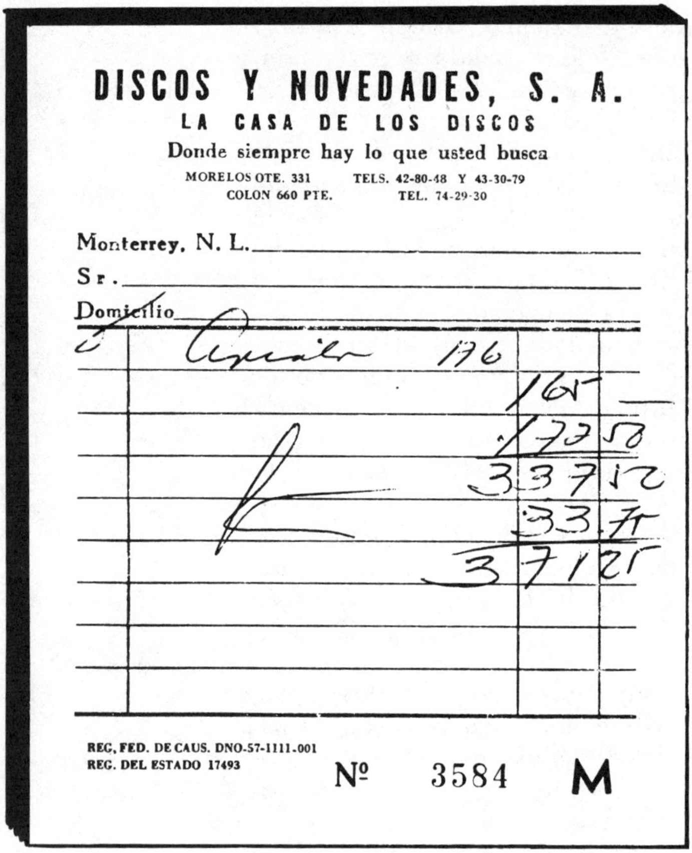

DISCOS Y NOVEDADES, S. A.

LA CASA DE LOS DISCOS

Donde siempre hay lo que usted busca

MORELOS OTE. 331 TELS. 42-80-48 Y 43-30-79

COLON 660 PTE. TEL. 74-29-30

Monterrey, N. L._____

Sr._____

Domicilio_____

REG. FED. DE CAUS. DNO-57-1111-001

REG. DEL ESTADO 17493

Nº 3584 M

Lecuona creó melodías tradicionales eurocubanas, como «Siempre en mi corazón» y «Noche azul»; piezas de sabor español, como «Andalucía» y «Malagueña»; ritmos afrocubanos como «Para Vigo me voy» y «Karabalí»; y composiciones de temas africanos como «Danza negra» y «Danza lucumí».

Otras composiciones que también obtuvieron° popularidad instantánea fueron el famoso pregón de «El Manisero» de Moisés Simons, que recorrió el mundo con el título de «*Peanut Vendor*», y la canción «Aquellos ojos verdes» de Nilo Menéndez.

obtained

La influencia cubana se puede ver en la música popular latina de hoy y en algunas manifestaciones esporádicas en los Estados Unidos, como la boga por el *soul* o la *salsa* y la más reciente por el *disco*.

De la Revista *Américas* (Washington, D.C.)

Comente usted...

1. ¿Por qué dice Fernando Ortiz que la música cubana es una «música mulata»?
2. ¿Cuáles fueron los principales centros generadores de música cubana y qué tipo de música surgió allí?
3. ¿Qué importancia tuvo para la música cubana la llegada de franceses y haitianos a Santiago de Cuba?
4. ¿Cuáles son algunos de los ritmos latinos de hoy y de dónde surgieron?
5. ¿Qué ritmos son populares en el campo y qué influencia tienen?
6. ¿Cómo clasifica Fernando Ortiz la música cubana?
7. ¿Qué músicos y compositores cubanos eran famosos antes del siglo XX?
8. ¿Cuál es el tema de la zarzuela «Cecilia Valdés» y quién es el autor de la misma?
9. ¿Qué sabe usted de Ernesto Lecuona?
10. ¿En dónde se ve la influencia de la música cubana hoy en día?

Desde su mundo

1. ¿Qué opinión tiene usted de la obra de Picasso?
2. ¿Prefiere la pintura abstracta o la tradicional?
3. ¿Quién es su pintor favorito? Cite algunos de sus cuadros.
4. Generalmente, ¿es dura la vida de los artistas norteamericanos?
5. ¿Puede usted entender el arte abstracto?
6. ¿Hay una fundación similar a la de Joan Miró en la ciudad donde usted vive?
7. ¿Cuál es la fuente principal del *jazz*?
8. ¿Qué tipo de música prefiere usted (a) para bailar y (b) para escuchar?
9. ¿A qué compositores norteamericanos considera usted los mejores y por qué?
10. ¿Cuáles son los instrumentos musicales representativos de la música norteamericana?

VOCABULARIO

NOMBRES

el **acontecimiento** event
el (la) **bailarín(ina)** dancer
el **comienzo** beginning
el **encuentro** meeting
la **goma** gum
la **gota** drop
el **grabado** etching, engraving
la **granja** farm
la **mancha** stain
el **nacimiento** birth
el **palo** stick
la **pintura** painting, paint
la **planta** story, floor
la **rabia** fury
el **significado** meaning
la **suciedad** dirt, filth
el **tambor** drum

VERBOS

conceder, otorgar to award, to give
desarrollarse to develop
destrozar to destroy
exponer to exhibit
guardar to keep
mascar to chew
nacer to be born
surgir to appear

OTRAS PALABRAS Y EXPRESIONES

a partir de from
dar a conocer to make known
ni siquiera not even
tomar en cuenta to take into account

Palabras y más palabras

Las palabras que aparecen en las selecciones estudiadas, ¿forman ya parte de su vocabulario? ¡Vamos a ver!

Complete las siguientes oraciones, usando las palabras del vocabulario.

1. En la tercera ___ venden ropa de señoras.
2. Mi fecha de ___ es el 14 de enero de 1960.
3. A ___ del primero de septiembre, los niños no van a poder ___ goma en clase.
4. Yo ___ en el año 1960.
5. Quiere hacerlo él mismo... No quiere ayuda de nadie, ni ___ de sus padres.
6. Me gustan más los dibujos y los ___ de Picasso que sus pinturas.
7. En el Museo de Arte Moderno ___ los diseños de Picasso.
8. No sé cuál es el ___ de esta palabra. Necesito un diccionario.
9. Miró pintó un cuadro llamado «La ___ ».
10. Este año, para ___ las becas para estudiar en la universidad, van a tomar en ___ la asistencia a clase.
11. Debes limpiar la alfombra. Tiene muchas ___ .
12. Quieren publicar un libro sobre Joan Miró para dar a ___ su obra.
13. El ___ es un instrumento musical de origen africano.
14. Al ___ del capítulo habla de su ___ con la bailarina con quien se casa más tarde.
15. Puedes quitarle la suciedad a la alfombra con sólo unas ___ de este líquido.
16. Lleno de ___ , destrozó todas las fotografías que guardaba de ella.
17. Con la llegada de los esclavos, ___ en Cuba una música de sabor africano.
18. La clave es un instrumento musical que consiste de dos ___ de madera dura.
19. Por no tener dinero, no pudo ___ sus talentos artísticos.
20. La llegada de los franceses y haitianos a Cuba es un ___ político que da impulso al desarrollo de la música cubana.

INSTITUTO NACIONAL
DE PARQUES

INPARQUES **HOY EN EL PARQUE DEL ESTE**

EL INSTITUTO NACIONAL DE PARQUES
Conjuntamente con FUNDARTE y la Federación de Centros Universitarios de la Universidad Central de Venezuela
Invitan al Público en General a la presentación de la

ORQUESTA TIPICA DEL TACHIRA
DANZAS TACHIRA
Y
CONJUNTO TIPICO DEL TACHIRA

LUGAR: Concha Acústica del Parque del Este
HORA: 3:00 pm.

EXPANSIÓN DE VOCABULARIO (Actividad opcional)

Otros instrumentos musicales

el **acordeón** accordion
el **arpa** harp
el **contrabajo** bass
la **flauta** flute
el **órgano** organ
el **piano** piano
el **trombón** trombone
la **trompeta** trumpet
el **violín** violin

Otras palabras relacionadas con el arte

el (la) **cantante** singer
el **cuarteto** quartet
el **dúo** duo
el **escenario** stage
el (la) **escultor(a)** sculptor (sculptress)
la **estatua** statue
el **pincel** brush
la **tela** canvas
el **trío** trio

¿Cuánto vocabulario nuevo ha aprendido usted?

Complete las siguientes oraciones según corresponda.

1. No es un dúo ni un trío. Son cuatro cantantes. Es un ____ .
2. Liberace no toca el contrabajo. Toca muy bien el ____ .
3. El instrumento musical que generalmente usan en las iglesias es el ____ .
4. *David* es una ____ muy famosa del ____ italiano Miguel Ángel.
5. Los bailarines están bailando en el ____ .
6. Un *Stradivarius* no es un acordeón. Es un ____ .
7. Louis Armstrong no tocaba la flauta sino la ____ .
8. Los ángeles generalmente tocan el ____ , no el trombón.
9. Para pintar el cuadro necesito una tela y unos ____ .

Actividades especiales

A. La clase se divide en cuatro o cinco grupos. Cada grupo escogerá un pintor famoso y traerá a clase una reproducción representativa de su obra. Los estudiantes prepararán un pequeño informe sobre la vida del pintor escogido y se lo presentarán al resto de la clase.

La presentación puede dividirse de esta manera:

Estudiante #1: Da algunos datos sobre la vida del pintor.
Estudiante #2: Habla de la evolución de su obra.
Estudiante #3: Habla del estilo del pintor.
Estudiante #4: Habla del período al que pertenece y las influencias de otros pintores sobre él.
Estudiante #5: Hace algunos comentarios sobre el cuadro elegido.

Después de las presentaciones, el resto de la clase puede hacer preguntas.

B. Una de las canciones cubanas más conocidas en los Estados Unidos es «Guantanamera», con los versos del poeta José Martí. Aquí tienen la letra: apréndanla y cántenla todos juntos:

Yo soy un hombre sincero } Bis
de donde crece la palma,
y antes de morirme quiero
echar mis versos del alma.

Guantanamera, guajira, guantanamera.
Guantanamera, guajira, guantanamera.

Mi verso es de un verde claro, } Bis
y de un carmín encendido.
Mi verso es un ciervo herido,
que busca en el monte amparo.

Guantanamera, guajira, guantanamera.
Guantanamera, guajira, guantanamera.

Con los pobres de la tierra } Bis
quiero yo mi suerte echar.
El arroyo de la sierra
me complace más que el mar.

Guantanamera, guajira, guantanamera.
Guantanamera, guajira, guantanamera.

*

Composición

Escriba una composición sobre el *rock n' roll* en los Estados Unidos. Siga estos pasos.

1. Introducción
   a. Los comienzos del *rock n' roll*
   b. Influencias
2. Desarrollo
   a. Intérpretes más famosos
   b. Canciones más famosas
   c. Evolución
3. Conclusión
   Importancia de este tipo de música en la cultura norteamericana

UNA ADIVINANZA

¿Qué es lo que...
sube sin escalera,
baja sin escalera,
y hace correr a la cocinera?

La leche

5
¿Qué hacemos hoy: dónde comemos, adónde vamos?

Picantes (Adaptado)

¡A lo mero macho!°

The «macho» way!

En el siglo XVI, Hernán Cortés y sus soldados encuentran en México una cocina ya muy elaborada y refinada y dietéticamente perfecta, y gracias a ella no se mueren de hambre y de sed. Pero hoy, otra invasión, la del turismo masivo, amenaza la cocina de México, una de las más ricas y variadas del mundo.

En diez kilómetros de recorrido, de los 33 que tiene la Avenida de los Insurgentes, el sorprendido turista puede contar más de veinte establecimientos de cocina rápida, muchísimos restaurantes franceses y una enorme cantidad de locales° destinados al turista ofreciendo «cocina internacional».

places

La verdadera gran cocina de México sólo se encuentra ya en los domicilios particulares,° especialmente en los de las provincias.

private homes

Diana Kennedy, una escritora norteamericana considerada como la autoridad mundial en materia de cocina de México, les advierte a los mexicanos de los peligros de todo tipo: culturales, económicos y dietéticos, que representa la desaparición de platos y materias primas° profundamente integrados en la vida del mexicano y que son, al mismo tiempo, una de las principales atracciones turísticas.

raw materials

Existe un recetario° completo de la comida prehispánica, con más de 50 recetas exquisitas. Hoy muchos de esos platos se siguen cocinando tanto en hogares humildes como en los de mexicanos de mejor posición económica.

recipe book

Naturalmente, asusta al turista extranjero la enorme barrera de «chile» que aparentemente no le permite disfrutar de esa cocina, pero desde los tiempos más remotos el «chile» se integra a la cocina de México. Se conocen y se usan en los hogares mexicanos más de cincuenta variedades de «chiles», todos de distinto aroma y sabor. Un reciente estudio del Instituto Nacional del Consumidor asegura que los mexicanos comen cada año 400 mil toneladas de «chiles» secos. El consumo por año y habitante es de cinco kilos.

LOS QUE SABEN ELIGEN
michi
LE OFRECE EN SU 17 CUMPLEAÑOS 50 VARIEDADES EN PIZZA A LA PIEDRA PARA LOS QUE SABEN DE LA BUENA PIZZA
CAPITAL FEDERAL TEGUCIGALPA 1490 · TEL. 782-6608
(ALTURA AV. LIBERTADOR 6500) · LONDON CARD · DINERS

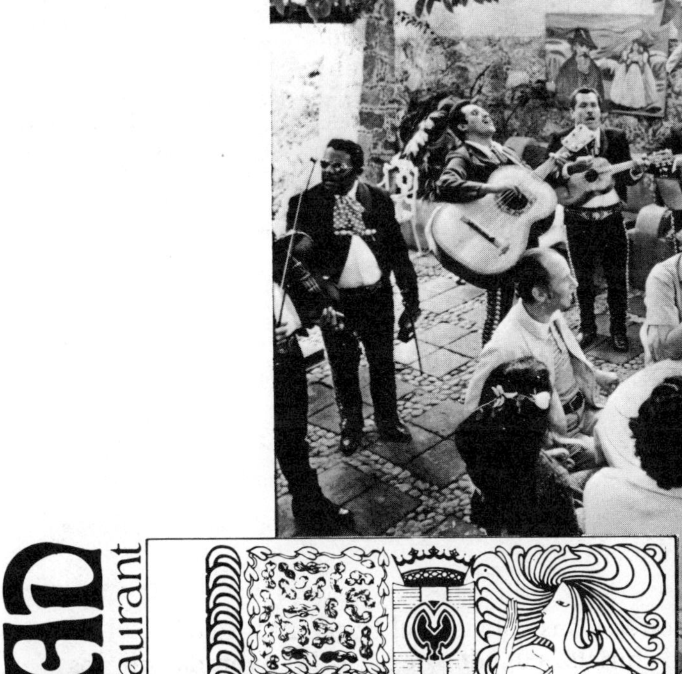
meridiana
restaurant
Talcahuano 1207
Tel. 44-3932/3412 - 41-3710
TC: Diners-American Express-Visa-Carta Credencial.
Abierto de 21.- a 1 y 30 hs.

LA MANSION
EL ROSAL - AV. TAMANACO
TELF. 33.34.55 - CARACAS
RESTAURANT-BAR

El «chile» está en todas partes y se come a todas horas: en los huevos del desayuno o en la tortilla, en todos los platos de la comida del mediodía y de la cena, a media tarde, en los tacos, crudo, en salsas, etc.

Una de las bebidas más populares de México es el pulque, la leche del «magüey» fermentada, de gran valor nutritivo y medicinal. El pulque fue la mejor y principal bebida de los antiguos mexicanos y, según los científicos, es la única «bebida-alimento» que existe en el mundo. Pero ahora esta sabrosísima y sana bebida sólo se encuentra en los establecimientos frecuentados° por los indios y por los pobres. (visited by)

Sin embargo, todo turista extranjero, para conocer bien a México, debe beberse un buen pulque fresco y espumoso.° Sólo el pulque coordina con la auténtica cocina mexicana y sus mil explosivos sabores. (sparkling)

El mexicano ama la comida y adora su cocina, y sin embargo, cada día muere un plato mexicano, y con él muere cada día un poco de su identidad. Ése es uno de los defectos del turismo masivo.

De la revista *Cambio 16* (Madrid)

Comente usted...

1. ¿Qué encuentran Hernán Cortés y sus soldados al llegar a México?
2. ¿Por qué se sorprende el turista cuando llega a la Avenida de los Insurgentes?
3. Según Diana Kennedy, ¿por qué deben los mexicanos proteger sus platos típicos?
4. ¿Qué sabe usted sobre el «chile»?
5. ¿Qué importancia tiene el «chile» para los mexicanos?
6. ¿Qué es el «pulque» y de dónde se obtiene?
7. ¿Qué debe hacer todo turista para conocer bien a México?
8. ¿Qué efectos produce el turismo masivo en la cocina mexicana?

Madrid: sus olores y sus regiones urbano-gastronómicas

(Adaptado)

En las últimas décadas, Madrid crece definitivamente, y se viste a la moda universal, adoptando para su ornato el mármol artificial, el cristal, el acero cromado o las materias plásticas, es decir, se viste de gran ciudad europea, o mejor, americana. Aparecen los supermercados, las tabernas se convierten en bares, y los antiguos cafés en cafeterías de nombres exóticos.

En los barrios céntricos, Madrid conserva su espíritu y su ritmo. Bajo la frívola apariencia del modernismo conserva su espíritu de viejo pueblo castellano, y la gracia popular de esos Madriles, pasados pero vigentes° que le dan un gusto castizo° inconfundible. Madrid continúa siendo, como dice el crítico Jerónimo Quintana, «la yema de España».

prevailing
genuine

Desde Mesón de Paredes, con la desilusión de la histórica taberna cerrada, volvemos al núcleo del Madrid romántico y castizo; al caserío° que rodea la Puerta del Sol, la Plaza Mayor y la Plaza del Callao. Ese Madrid novecentista,° con monumentos del tiempo de Carlos III y algunas edificaciones del siglo XVII, sigue manteniendo entre otras muchas cosas, además de los monumentos históricos, un regionalismo gastronómico, perfectamente delimitado por los olores.

group of homes
of the 1900s

Lo primero que comprobamos es que, pese a la desaparición° de tabernas famosas aún quedan en Madrid varios

disappearance

Vista interior del restaurante Las Cuevas de Luis Candela en Madrid.

centenares de tabernas o restaurantes económicos que todavía ofrecen los platos típicos de las regiones del norte y levantinas,° la «olla podrida» castellana o el gazpacho andaluz. Hay calles que huelen a «fabada» asturiana, a pote gallego y a lacón; en otras se percibe el olor de la paella valenciana, o del bacalao a la vizcaína.

Esta geografía urbano-gastronómica de Madrid, que descubrimos por el olfato,° no es la de los centenares de restaurantes caros que pueden encontrar en Madrid los turistas, sino el refugio de los emigrantes peninsulares que vienen a la conquista de Madrid. Los que algún día quieren vencer la nostalgia de sus regiones con los sabores y olores que, además de calorías alimenticias,° les proporcionan esa inédita poesía del folklore que les calienta el alma.

levantinas: eastern
olfato: sense of smell
alimenticias: related to food

Del diario *ABC* (Madrid)

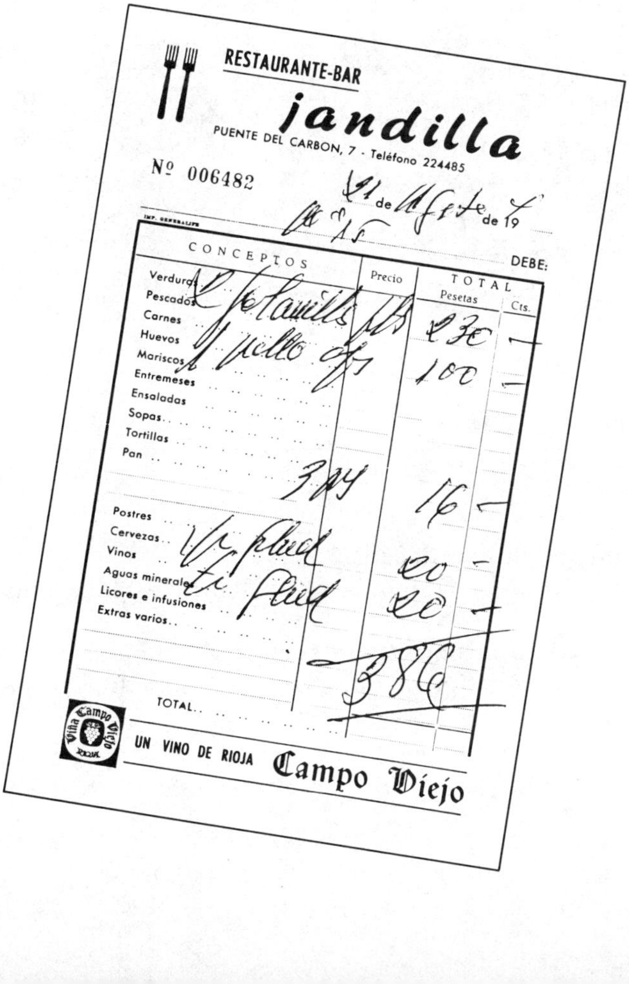
RESTAURANTE-BAR
jandilla
PUENTE DEL CARBON, 7 - Teléfono 224485
Nº 006482
de ... de 19
CONCEPTOS | Precio | DEBE: TOTAL Pesetas Cts.
Verduras
Pescados
Carnes
Huevos
Mariscos
Entremeses
Ensaladas
Sopas
Tortillas
Pan
Postres
Cervezas
Vinos
Aguas minerales
Licores e infusiones
Extras varios
TOTAL
UN VINO DE RIOJA Campo Viejo

Comente usted...

1. ¿Cómo cambia Madrid en las últimas décadas?
2. ¿Por qué dice el crítico Jerónimo Quintana que Madrid es la «yema de España»?
3. ¿Dónde está el núcleo del Madrid romántico y castizo y cómo es?
4. ¿Cuáles son algunos de los platos típicos que podemos encontrar en las tabernas y restaurantes madrileños?
5. ¿A qué huelen algunas calles madrileñas?
6. Los emigrantes peninsulares no buscan los mismos restaurantes que los turistas. ¿Por qué?

la semana de madrid

guía del ocio[1]

CADA SEMANA ESTAMOS CON USTED PARA HACERLE LA CIUDAD MÁS ACCESIBLE...

- Rutas mágicas españolas
- Vacaciones gastronómicas
- Viajes por el extranjero
- Vacaciones para niños y jóvenes
- Libros para un verano relajado
- Vacaciones alquiladas
- Los astros° le aconsejan su viaje ideal — stars
- Vacaciones insólitas...

[1]Entertainment Guide

La guía recomienda cine

estrenos de la semana

Viernes, 29

EL CARTERO SIEMPRE LLAMA DOS VECES. *(The Postman Always Rings Twice)* 1980. 1h. 55m. Drama. USA. Dir.: Bob Rafaelson. Con Jack Nicholson, Jessica Lange. La historia de una pasión descontrolada entre un hombre joven y la mujer del dueño de un motel, en el que aquél ha encontrado trabajo. Basada en la novela de James M. Cain. Mayores 18. *Capitol.*

Lunes, 1

DISTRITO APACHE. *(Fort Apache, The Bronx)* 1980. 1h. 45m. Policíaca. USA. Dir.: Dan Petrie. Con Paul Newman y Edward Asner. Un policía, que realiza su trabajo en uno de los barrios más peligrosos de Nueva York, sufre una crisis de conciencia al ser testigo del asesinato de un negro a manos de un compañero. Mayores 18. *Windsor A.*

estrenos que siguen en cartel

BODAS DE SANGRE. 1981. 1h. 11m. Musical. Esp. Dir.: Carlos Saura. Con Antonio Gades y Cristina Hoyos. Adaptación a través del ballet de la obra de García Lorca. Tolerada.° *Luna 2.*

Rated PG

Palacio de la Prensa
Bilbao
Velazquez
Windsor "A"
¡LUNES, 1 JUNIO, ESTRENO EN ESPAÑA!
PAUL NEWMAN
en
19037
DISTRITO APACHE
(FORT APACHE, THE BRONX)
PAUL NEWMAN en DISTRITO APACHE (FORT APACHE THE BRONX)
EDWARD ASNER • KEN WAHL • DANNY AIELLO • RACHEL TICOTIN
PAM GRIER y KATHLEEN BELLER
TIME-LIFE PRESENTA: LA PRODUCCION DAVID SUSSKIND • PRODUCTOR EJECUTIVO: DAVID SUSSKIND
PRODUCIDA POR: MARTIN RICHARDS Y GILL CHAMPION • DIRIGIDA POR: DAN PETRIE • GUION DE: HEYWOOD GOULD
eastmancolor
JANO.
EN NUEVA YORK HAY UN BARRIO DONDE INCLUSO LOS POLICIAS TIENEN MIEDO
● CLASIFICADA PARA MAYORES DE 18 AÑOS ●

CÓMO ELIMINAR A SU JEFE. *(Nine to Five)* 1980. 1h. 35m. Comedia. USA. Dir.: Colin Higgins. Con Jane Fonda, Lily Tomlin y Dolly Parton. En una oficina dominada por un jefe ineficaz y despótico, las secretarias deciden darle una lección y lo secuestran. Todo empieza a funcionar perfectamente cuando desaparece el jefe. Mayores 14. *Rialto.*

ES PELIGROSO CASARSE A LOS 60. 1980. 1h. 36m. Comedia. Esp. Dir.: Mariano Ozores. Con Paco Martínez Soria y Julita Martínez. Un solterón° se casa con una institutriz con la intención de que ésta le dé un hijo. La historia se complica al aparecer una hija que su mujer había mantenido oculta.° Tolerada. *Palacio de la Música.*

solterón: old bachelor
oculta: hidden

GENTE CORRIENTE. *(Ordinary People)* 1980. 2h. 5m. Drama. USA. Dir.: Robert Redford. Con Donald Sutherland, Mary Tyler Moore y Judd Hirsch. La historia cotidiana de una típica familia americana que ve alterada su estabilidad por la muerte en accidente del hijo mayor. Mayores 16. *Avenida.*

películas de reestreno

UN HOMBRE INCREÍBLE. *(The Incredible Hulk)* 1h. 40m. Aventuras. USA. Dir.: Kenneth Johnson. Con Bill Bixby y Susan Sullivan. Un hombre, por efecto de una dosis masiva de rayos gamma, de la que se salva, se transforma en un individuo enorme y de una fuerza incontrolable. Tolerada. *Copacabana.*

LO QUE EL VIENTO SE LLEVÓ. *(Gone With The Wind)* 1939. 3h. 40m. Drama. USA. Dir.: Victor Fleming. Con Vivien Leigh, Clark Gable y Olivia de Havilland. Uno de los éxitos más grandes de la historia del cine. Un melodrama mítico de pasiones desatadas,° ambientado en un Estado del Sur de los Estados Unidos, con la «mala» más mala que nunca se vio. Mayores 14. *Fuencarral.*

desatadas: unleashed

restaurantes

BAR - RESTAURANTE
LA LLAMA II
INAUGURACION 1.º DE JUNIO
LAS DELICIAS PERUANAS EN SU MESA
CON SUS TIPICAS TAPAS EN LA BARRA
C/ HORTALEZA, 19. Teléf. 231 18 18

RESTAURANTE
La Toja
MARISCOS RECIBIDOS DIARIAMENTE
DE LAS RIAS GALLEGAS
Mayor, 35 (entrada: Siete de Julio, 3)
Teléfonos 266 30 34 - 266 46 64

EL RINCON CHILENO
ESPECIALIDAD EN:
● EMPANADA ● LOMITOS
● PISCO SOUR
C/. Sirio, 52 (barrio de la Estrella)
Telf. 409 44 40

LOS 3 AVISOS
TABERNA ANDALUZA
especialidad
FRITURA ANDALUZA Y
AHUMADOS VARIADOS
CALLE SANDOVAL, 18
(Metros Bilbao y San Bernardo)
Teléfono 445 25 38

La Giralda TABERNA ANDALUZA
especialidad en
VINOS DE JEREZ
PESCADO FRITO Y A LA PLANCHA
Hartzenbusch, 12-447 38 71
Hartzenbusch, 15-445 17 43-447 20 28

UN RINCON ARGENTINO
EN EL CORAZON DE MADRID
RESTAURANTE
EL LOCRO
ACTUACIONES
DIARIAS
TANGO Y FOLKLORE
C/ TRUJILLOS, 2
(junto a Plaza de las
Descalzas)
Reserve su mesa
222 43 82

CASA PACO
TABERNA-BAR-RESTAURANTE
(no tenemos sucursales)
Puerta Cerrada, 11. Tel. 266 31 66-67

CASA QUINTA
C/ Padilla, 3
Telf.: 410 40 56
Madrid-6
abre sus puertas y os invita a entrar en su Cocina Vasco-Castellana dirigida por alguien que seguramente ya conocéis: Alejandro Magán, Chef de la Cocina Internacional con muchos años de experiencia.
Bienvenidos.

EL BUDA FELIZ
C/ TUDESCOS, 5 (Plaza Callao)
ABIERTO TODOS LOS DIAS
Tels. 232 44 75 y 231 95 24

dario's
COCINA CASTELLANA
Especialidad:
CORDERO Y COCHINILLO ASADO
A LA USANZA SEGOVIANA
Joaquín María López, 30
(entre Blasco de Garay y Guzmán el Bueno)
Teléfonos 243 18 25 y 243 30 43

La Perdiz
Cocina casera
grandes salones castellanos:
comidas de negocios-bodas
banquetes-reuniones
Carr. del Pardo, km. 3.400
Tels. 216 84 27 - 216 00 46
(Dentro del complejo deportivo Somontes)
LUGAR DE EMBRUJO

RESTAURANTE CHINO
HAO-WAH
C/Concepción Arenal, 6
Tel 222 88 59 232 15 04
MADRID-13

CAROLO
BAR ASADOR BRASA
HORNO DE LEÑA
AVDA. DE AMERICA, 31 (Esq. a Cartagena) - TEL. 413 63 40

museos

ARQUEOLÓGICO NACIONAL. Serrano, 13. Metro Serrano. Autobús 9, 51, y M-2. Teléfono 403-6559. Abierto de 9,30 a 13,30h. Reproducción de la cueva de Altamira. Precio 100 pesetas. Con carné de estudiante entrada libre. Prehistoria. Reproducciones.

ARTE CONTEMPORÁNEO. Avda. de Herrera, s/n. Metro Moncloa. Autobús G y 62. Teléfono 449-7150. Abierto de 10 a 18h. Precio 100 pesetas. Con carné de estudiante entrada libre. Cerrado lunes. Pintura y escultura española y extranjera.

CIENCIAS NATURALES. Paseo de la Castellana, 80. Autobús 7, 14 y 27. Teléfono 261-8600. Abierto de 10 a 14h. y de 15 a 18h. Precio 25 pesetas. Geología. Paleontología. Entomología.

PRADO. Paseo del Prado. Metro Atocha. Autobús 27. Abierto de 10 a 17h. Precio 100 pesetas. Con carné de estudiante entrada gratis. Sábado entrada libre. Instalado en un edificio del siglo XVIII. Pintura española de los siglos XII al XVIII. Pintura de las escuelas italiana, flamenca, holandesa° e inglesa.

Dutch

música

CLÁSICA

Parque del Retiro. Banda Municipal de Madrid. Director: Moisés Davia. Programa: Suite «Don Quijote», de George Philippe Telemann; «Concierto para oboe, violín y cuerda»,° de Juan Sebastián Bach; «Sinfonía en La mayor, nº. 29», de W. A. Mozart. Domingo a las 12,00h. Entrada libre.

string

teatro

TEATRO FIGARO

María Luisa MERLO ★ Pedro CIVERA ★ Rafaela APARICIO

ALICIA EN EL PARIS DE LAS MARAVILLAS

¡ULTIMOS DIAS!

CENTRO CULTURAL VILLA DE MADRID (P. Colón)·7 y 10,30 h.
JUAN JOSE SEOANE
PRESENTA:
COMPAÑIA LIRICA DE MADRID
ISAAC ALBENIZ
Jueves 13 de julio, inauguración temporda. 7 y 10,30 h.
LA VIUDA ALEGRE
Un alarde de presentación
precio: 200 ptas. butaca

TEATRO
ALCALA PALACE
VICTOR MANUEL
EN CONCIERTO
Martes 2 Junio
noche
Miércoles 3 Junio
tarde y noche
Jueves 4 Junio
tarde y noche
Venta localidades en taquilla del teatro

tarde y noche

EL CHASCARRILLO
DISCO-PUB
Viriato, 2 Música de los años 60

LA PEÑA TRES
Presenta tarde y noche a
TRIO MENSU
KIRKINCHO (quinteto)
VOCES ARGENTINAS
OSCAR MADEO
ALCALA, 79. Tels. 276 40 21-447 44 15

BALLET

Palacio de Deportes. Avenida de Felipe II. Metro Goya. Cuarta temporada de ballet. Ballet Nacional Español. Dirección artística: Antonio. Programa: «Allegro de concierto», de Granados; «Baile por caña», «Asturias», de Isaac Albéniz; «Flamenco» y «Fantasía galaica» de E. Halffter. Días 4, 5, 6 y 7, a las 22,00 horas. Sábado a las 19,00 y 22,45 horas. Localidades desde 100 pesetas. Venta anticipada en taquilla° con cinco días.

taquilla: ticket window

ÓPERA

Teatro Nacional de la Zarzuela. Jovellanos, 4. Metro Banco. Temporada de Ópera. «Lucia de Lammermoor», de Donizetti. Director musical: De Fabritis. Director de escena: Luis Pascual. Con Plácido Domingo y Patricia Wise. Días 3, 6, 9 y 12 a las 20,30 horas. Precios populares. Venta anticipada de localidades en las taquillas del teatro.

Teatro de la Comedia
Concha Velasco
José Sacristán
en
Yo me bajo en la próxima ¿Y Usted?
Pianista-Actor: José Manuel Yanes
Escenografía y Vestuario
Montse Amenós Isidre Prunés
Diseño de Iluminación
Francis Maniglia
Un espectáculo escrito y dirigido por
Adolfo Marsillach
Es una promoción teatral de Justo Alonso

Comente usted...

1. ¿Cuál es el tema de la película *El cartero siempre llama dos veces*?
2. ¿Qué estrenos siguen en cartel?
3. ¿Cuál es el título en español de la película *Nine to Five* y de qué se trata?
4. Si le gusta Mary Tyler Moore, ¿qué película puede ir a ver y a qué cine debe ir para verla?
5. ¿Qué famosa película con Vivien Leigh y Clark Gable puede ir a ver al cine Fuencarral?
6. ¿Cuáles son algunas de las obras que va a presentar el Ballet Nacional Español?
7. Si a un madrileño le gusta la comida latinoamericana, ¿a qué restaurantes debe ir?
8. ¿Qué museos debe visitar una persona interesada en pintura y qué día puede ir sin pagar?
9. ¿Puede usted describir el concierto que van a ofrecer en el Parque del Retiro?
10. ¿Qué presenta el Teatro Nacional de la Zarzuela de los días 3 al 12 y dónde pueden comprarse las localidades?

Desde su mundo

1. ¿Cuál es el tipo de comida internacional que más le gusta?
2. ¿Qué tipo de comida mexicana se come en los Estados Unidos?
3. En la ciudad donde usted vive, ¿cuáles son los restaurantes que sirven la mejor comida?
4. ¿Cuál es un plato típico de los Estados Unidos?
5. ¿Qué tipo de película le gusta más?
6. ¿Qué películas ha visto últimamente y cuál le ha gustado más?
7. ¿Qué museos famosos hay en los Estados Unidos?
8. ¿Qué hace usted los fines de semana?

VOCABULARIO

NOMBRES

el **acero** steel
el **alimento** food, nourishment
el **bacalao** cod
el **centenar** hundred
la **cocina** cookery
el **estreno** premiere
el **olfato** smell *(sense)*
el **olor** smell
el **peligro** danger
la **receta** recipe
la **salsa** sauce
el **soldado** soldier
la **temporada** season
el (la) **testigo** witness
la **tonelada** ton
la **venta** sale
la **yema** yolk

VERBOS

advertir (e›ie) to warn
amenazar to threaten
asustar to frighten
calentar (e›ie) to heat
disfrutar to enjoy
oler[1] to smell
realizar to do, to carry out, to fulfill
secuestrar to kidnap
vencer to defeat

ADJETIVOS

crudo(a) uncooked
económico(a), **barato**(a) inexpensive
humilde humble
mundial world
peligroso(a) dangerous
picante spicy
sano(a) healthy

OTRAS PALABRAS Y EXPRESIONES

en todas partes, en todos lados everywhere
es decir that is to say
pese a in spite of

---

[1]**huelo, hueles, huele, olemos, huelen**

Coma bien y
gaste poco en
LA FONDA
DE PACO
• Parrilla al carbón
• Pastas Caseras
VENEZUELA 614 -
CAP
DANDY
Restaurante "DANDY"
Unico en su estilo
Casona de gran calidez y categoría
Show de Primerísima calidad
Platos Internacionales
Jueves, viernes y sábados de 21 hs. a ...
comer bien.
disfrutar
bebida favorita.
ir el momento.
Diamante Grill
le invita
RESTAURANT
DIAMANTE
GRILL
Av. Orinoco,
Las Mercedes
(a 200 mts.
de ACO)
Especialidad en carnes
comida internacional
Bar ejecutivo
rvaciones: Teléfono 92.60.
Coma todo
lo que quiera...
"GRAN COMILONA"
A LA CHILENA
Canta Gallo
Restorán
Mas de 40 platos
y postres chilenos
solo por
$480
ADULTOS
y 380 los niños
El sabor criollo
nos está invitando a "La Comilona
a la Chilena", este domingo,
al almuerzo, lo recibimos con
chicha y empanadas.
ESTE DOMINGO, DECIDASE POR
LA COMILONA TIPICA CHILENA DEL
Canta Gallo
DONDE CANTA
EL SABOR CHILENO
RESTAURANTE
MONTEVIDEO 352
352
• Carnes y achuras de
exportación
• Pastas caseras
• Cazuela de mariscos
• Paella
• Postres caseros
• Lunch tiket
AIRE ACONDICIONADO
MONTEVIDEO 352 TEL. 46-6677/6229

Palabras y más palabras

Las palabras que aparecen en las selecciones... ¿forman ya parte de su vocabulario? ¡Vamos a ver!

Dé usted el equivalente de...

1. clase de pescado
2. cien
3. sentido que nos permite oler
4. miembro del ejército
5. instrucciones sobre cómo preparar una comida
6. la parte amarilla del huevo
7. que no está enfermo
8. en todas partes
9. que se refiere al mundo
10. primera presentación (por ejemplo: de una película)
11. dos mil libras
12. llevar a cabo
13. aroma
14. que tiene mucha pimienta, chile, etc.
15. acción de vender
16. persona que testifica
17. a pesar de
18. que tiene humildad
19. barato
20. sin cocinar
21. poner al fuego
22. comida
23. lo que tiene peligro
24. triunfar
25. dar miedo

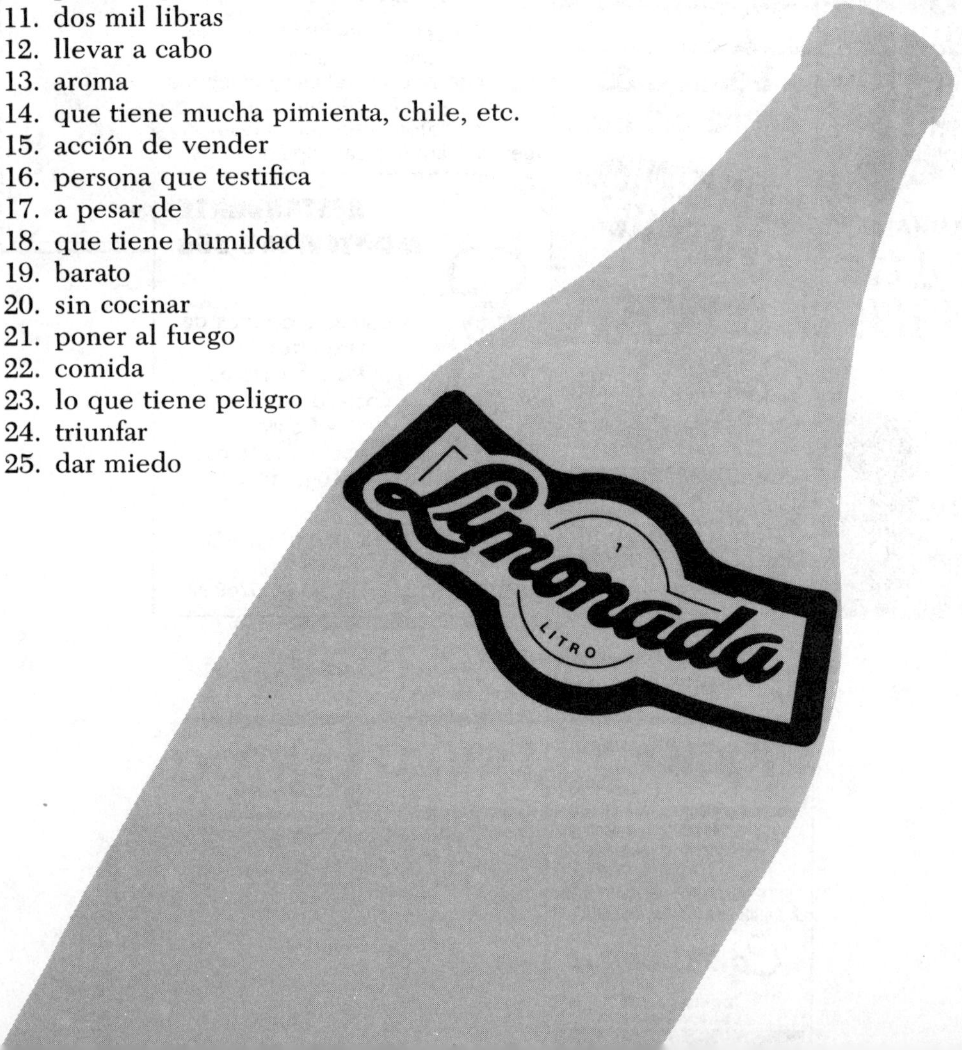

EXPANSIÓN DE VOCABULARIO (Actividad opcional)

Otras palabras relacionadas con la comida

las **albóndigas** meatballs

el **batido de** { **fresas** strawberry / **chocolate** chocolate / **vainilla** vanilla } shake

el **biftec** { **bien cocido** well-done / **término medio** medium-rare / **medio crudo** rare }

la **carne asada,** el **rosbif** roast beef

las **chuletas** { **de cerdo** pork / **de cordero** lamb / **de ternera** veal } chops

la **ensalada mixta** mixed salad

la **hamburguesa** hamburger

el **jamón** ham

los **mariscos** (shellfish): **la langosta** lobster / **el cangrejo** crab / **los camarones** shrimp

el **perro caliente** hot dog

el **queso** cheese

los **tallarines** spaghetti

Palabras relacionadas con diversiones [entertainment]

los **carnavales** Mardi-gras

la **montaña rusa** roller coaster

el **parque de atracciones** (**de diversiones**) amusement park

el **tiovivo,** los **caballitos** merry-go-round

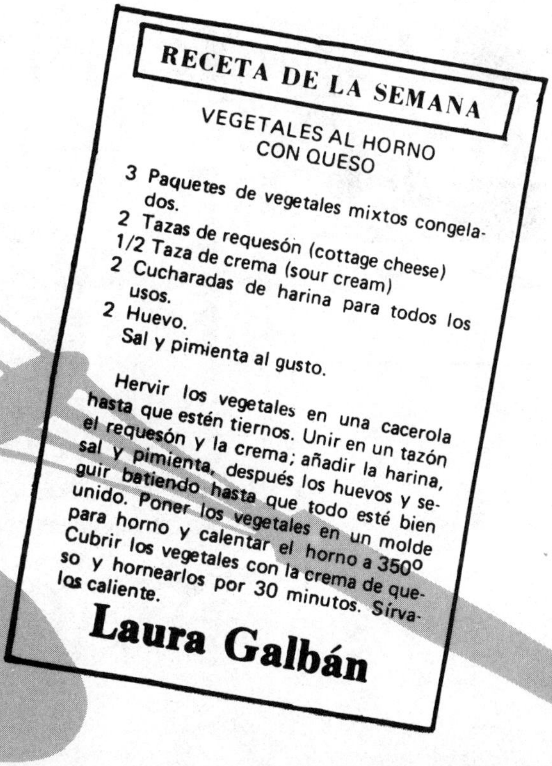

RECETA DE LA SEMANA

VEGETALES AL HORNO CON QUESO

3 Paquetes de vegetales mixtos congelados.
2 Tazas de requesón (cottage cheese)
1/2 Taza de crema (sour cream)
2 Cucharadas de harina para todos los usos.
2 Huevo.
Sal y pimienta al gusto.

Hervir los vegetales en una cacerola hasta que estén tiernos. Unir en un tazón el requesón y la crema; añadir la harina, sal y pimienta, después los huevos y seguir batiendo hasta que todo esté bien unido. Poner los vegetales en un molde para horno y calentar el horno a 350º. Cubrir los vegetales con la crema de queso y hornearlos por 30 minutos. Sírvalos caliente.

Laura Galbán

¿Cuánto vocabulario nuevo ha aprendido usted?

Complete las siguientes oraciones, usando las palabras aprendidas en la expansión de vocabulario, según corresponda:

1. No me gustan ni el chocolate ni la vainilla. Quiero un batido de ____ .
2. ¿Cómo quiere el biftec: bien cocido, medio crudo o ____ ?
3. ¿Quieren comer albóndigas o ____ asada?
4. No me gustan los mariscos. No quiero ____ , ____ ni ____ .
5. Voy a servir sándwiches de jamón y ____ y una ensalada ____ .
6. A los norteamericanos les gusta mucho comer ____ calientes y ____ .
7. Los italianos comen muchos ____ .
8. ¿Prefieres ____ de cerdo o de ____ ?
9. En el parque de ____ yo siempre voy a la ____ rusa y a los ____ .
10. En Nueva Orleans tienen unos ____ muy famosos.

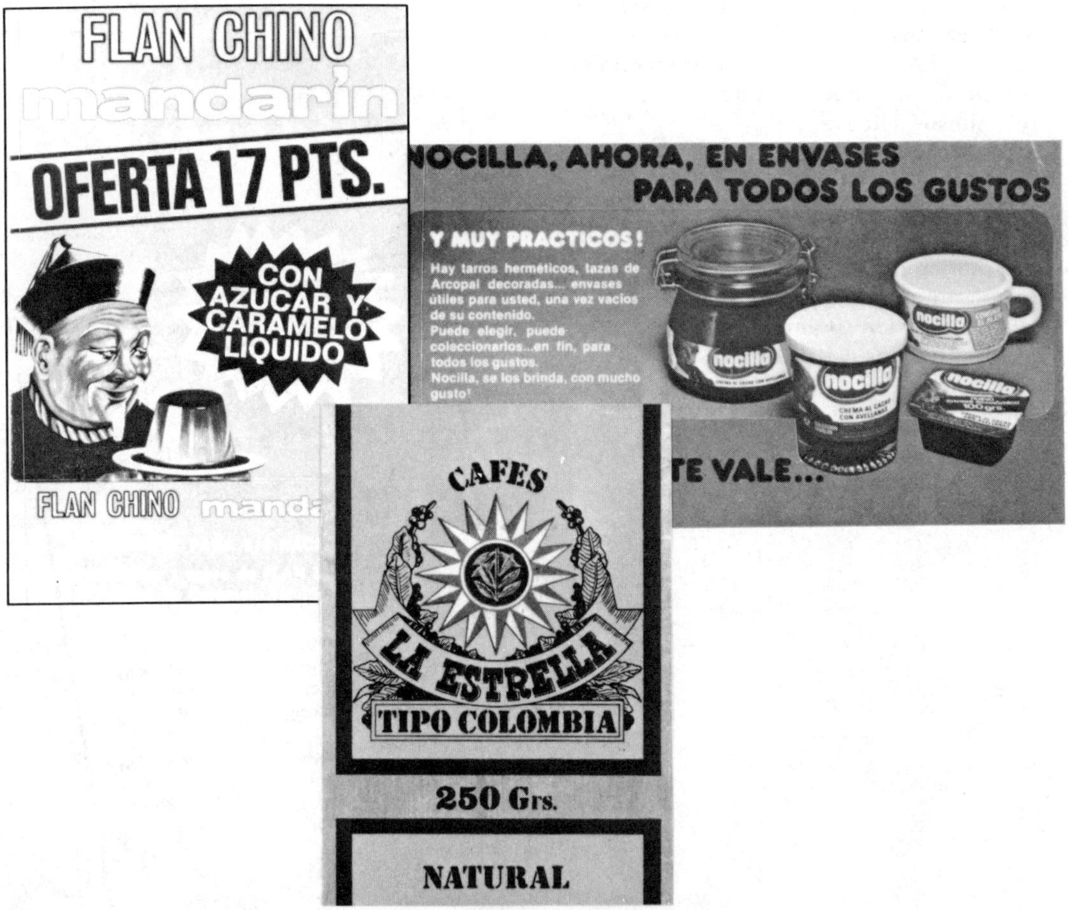

Programas para hoy

1ª CADENA

15.00 Tele 1
Dirección: Joaquín Arozamena. Programa informativo.

15.35 En tiempo de sobrema
«De cerca», diálogos para la sobremesa.
Dirección: Luis T. Melgar.
El senador José Prat entrevista a don Alonso Zamora Vicente, de la Real Academia de la Lengua.

16.05 Verano azul
«El visitante».
Dirección: Antonio Mercero.
Intérpretes: Antonio Ferrandis, María Garralón, Pilar Torres, Cristina Torres, Juan José Artero, José Luis Fernández, Gerardo Garrido, Miguel Joven, Miguel Angel Valero.
Jorge y Pilar, padres de Desita, son un matrimonio fracasado por dejar que Mari Luz, la hermana de Pilar, se entrometa constantemente en su vida privad... no han llegad...

TV CATALANA PRIMER PROGRAMA

13.15 Carta de ajuste
Pernil Latino.

13.30 Miramar esportiu

14.00 Trobada
Contenido:
— Reportaje sobre el escultor Ricard Sala, que está haciendo una reproducción de una Venus de Clarà.
— Entrevista a Ramon Muntaner.
— Información taurina.
— Entrevista a los protagonistas de la película «Asalto al Banco Central».

14.25 Migdia

17.30 Tot-i-més
Contenido:
— Entrevista a Antonia Creuet, sobre trajes de baño.
— Edificios de la Ciud...

2ª CADENA

18.45 Carta de ajuste
Obras de María Escribano. «Concierto para Inma», por el Grupo Koan. «Flor de azahar», por Santiago Gonzalo (guitarra).

18.58 Apertura y presentación

19.00 Telenovela
«Crimen y castigo» (cap. 11). Realización: Alberto González Vergel. Autor: Fiodor Dostoievski. Intérpretes: José Luis Pellicena, Marisa Paredes, Ana Belén.

19.30 Redacción abierta

20.00 Dibujos animados

20.15 El valle secreto
«El espía». Realización: Ric Birch. Intérpretes: Max Cullen, Aldo Sambrell, Claudia Gravi, Tom Farley, Sheila Kennelly, Huch Keays-Byrne. Beaver está descontento, ya que, por ser el menor de los chicos, se ve apartado con frecuencia de las ...tividades de ...

Actividades especiales

A. Siguiendo el modelo de la Guía del Ocio prepare usted un pequeño anuncio sobre un restaurante, una película, una obra de teatro, una función de ballet, o un museo. La clase reunirá todos estos anuncios para formar su propia *Guía del Ocio*.

B. Cada estudiante seleccionará un programa de televisión popular y lo describirá para que sus compañeros adivinen cuál es el programa.

Por ejemplo: ¿Cuál es este programa?

Hay cuatro personajes principales que viven en una casa de apartamentos.
Dos de ellos se llaman Fred y Ethel.
Una de las señoras está casada con un cubano que es músico y trabaja en un cabaret.
La señora que está casada con el cubano crea problemas continuamente.

Nombre del programa: *Yo amo a Lucy.*

C. ¡Vamos a cocinar!

¿Tiene usted un plato favorito? Enséñeles a sus compañeros a prepararlo. Nosotros le damos una de nuestras recetas favoritas. Siga Ud. el modelo al dar la suya.

ENCHILADAS DE QUESO

Ingredientes:

1 docena de tortillas de maíz	
1 lata° de salsa de enchilada	can
¼ taza de aceite°	oil
1 libra de queso rallado°	grated cheese
1 cebolla grande rallada	

Preparación:

Calentar la salsa. Aparte calentar las tortillas en el aceite sin freírlas.° Sacarlas del aceite y mojarlas en la salsa. Ponerlas en un plato y cubrirlas con un poco de queso y cebolla. Enrollar° las tortillas como tubos y cubrirlas con el resto del queso. Ponerlas en el horno a 325° por unos cinco minutos.

freírlas: frying them
Enrollar: roll

¡Buen Provecho!

Imagínese que Ud. está viviendo en Madrid y un(a) amigo(a) va a venir a visitarlo(la) por el fin de semana. Escríbale Ud. una carta describiéndole lo que van a hacer y los lugares que van a visitar. Utilice para ello la información que aparece en la *Guía del Ocio*.

Tenga en cuenta:

1. Lo que le gusta hacer a su amigo(a)
2. Sus preferencias en cine o teatro
3. Tipo de comida que le gusta
4. Actividades culturales que se ofrecen durante esos días

UNA ADIVINANZA

Una cajita muy blanca.
Todos la pueden abrir;
Nadie la puede cerrar.

---

el huevo

6

Costumbres, tradiciones y supersticiones

Sus garabatos lo delatan (Adaptado)

Sus «garabatos» dicen tanto sobre su personalidad como su letra. Pocas personas garabatean° de la misma manera, pero hay similitudes que revelan secretos de su personalidad.

doodle

Aquí publicamos algunos de los dibujos más frecuentes y su significado. No necesitan ser exactos, pero sí semejantes. ¿Por qué no hace usted unos garabatos y los compara con los que ofrecemos aquí?

1. Si garabateó en círculos, entonces usted es soñador. Usted pinta sin fijarse, pero siempre termina en el mismo lugar.

2. Si usted tiene tendencia a usar su propio nombre como el centro de su dibujo, entonces es usted probablemente un poco vanidoso.

3. Si acaba de garabatear así, con figuras geométricas que parecen algo muy planificado, entonces usted planea bien las cosas y probablemente piensa de manera° sólida y constructiva. No cree en tomar riesgos.°

in a way

risks

4. ¿Dibujó usted una combinación de curvas y flores? Entonces es de carácter susceptible, pero artístico. Vive en su propio mundo y tiene sentimientos° muy nobles.

feelings

5. Si usted se ha puesto a° dibujar líneas rectas, entonces es una persona directa y muy franca. Tiene habilidad para llevar lo ideal a lo práctico. Ud. es muy franco, pero debe tener en cuenta los sentimientos de los demás.

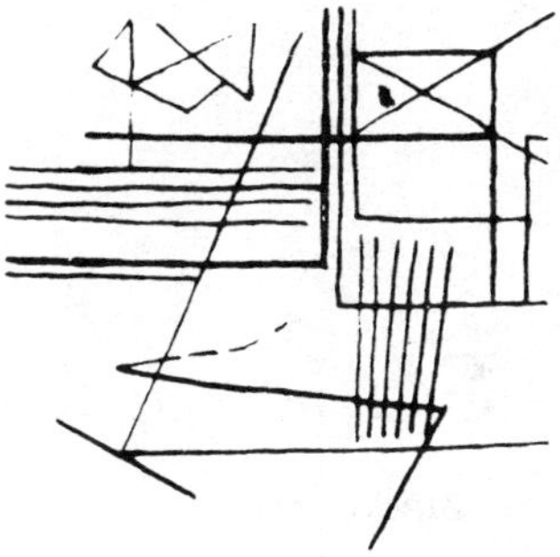

have started to

6. ¿Ha hecho Ud. garabatos en forma de espirales que suben en vez de bajar? Entonces probablemente usted es ambicioso. Siempre mira hacia adelante y hacia arriba. Personas como usted han construido imperios.°

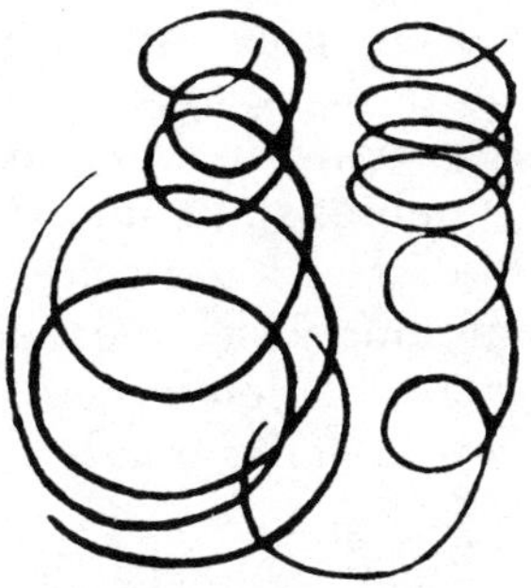

empires

7. ¿Ha dibujado armas y objetos como éstos? Entonces es una persona de acción, que prefiere la aventura. Le gusta el peligro y puede ser agresivo. Debe tener cuidado.

De la revista *Vanidades* (Ciudad de Panamá)

Comente usted...

¿Qué dicen los siguientes garabatos sobre su personalidad?

1. Si sus garabatos tienen forma de espiral ascendente...
2. Si dibuja armas...
3. Si Ud. dibuja en círculos...
4. Si dibuja una combinación de curvas y flores...
5. Si Ud. escribe su nombre como centro de su dibujo...
6. Si garabatea con figuras geométricas...
7. Si dibuja líneas rectas...

Celebran los Sanfermines en Pamplona (Adaptado)

Este lunes, 6 de julio, dio comienzo° en Pamplona (provincia de Navarra, norte de España) la feria de San Fermín, una de las fiestas populares más antiguas —datan del siglo XVI— y más célebres del mundo. — began

Durante más de siete días y siete noches, hasta el 14 de julio, las gentes de Pamplona y sus huéspedes del mundo entero° pierden la noción del tiempo, en bares y restaurantes o simplemente en la calle, donde todo un pueblo canta y baila. — whole

Cada mañana a las ocho los muchachos de Pamplona disparan° un cohete° al pie de la cercana° calle de Santo Domingo y la ciudad entera queda en suspenso durante los dos minutos siguientes. — shoot / flare / nearby

Dos minutos es, casi exactamente, el tiempo que los seis toros bravos que serán toreados por la tarde y los «mansos»° que los acompañan tardan en recorrer los 825 metros que hay entre los corrales en que pasaron la noche y la plaza de toros de Pamplona. — tame ones

Es lo que se llama «El encierro»... Delante o alrededor de los toros corren cientos, a veces miles, de aficionados, que año tras año se juegan la vida° en una accidentada carrera. — risk their lives

Varios jóvenes corren durante las celebraciones de San Fermín en Pamplona.

Antes, la calle de Santo Domingo estaba reservada a carniceros y artesanos, que hacían pausa en ella camino de su trabajo.° Actualmente algunos jóvenes esperan allí a los toros, pero los más arriesgados° los esperan a la entrada del Coso, calle muy estrecha donde en la carrera a veces tropiezan, caen y hacen caer a los muchachos que vienen detrás hasta formar un enorme montón de cuerpos, inmediatamente pisoteado° y corneado° por los toros.

camino... on their way to work / brave ones

stepped on / gored

El penúltimo° «encierro»—13 de julio—del pasado año fue trágico, pues dos jóvenes murieron. Otro resultó levemente° herido al ser atropellado por una de las bestias, que aunque no lo corneó, lo pisoteó. Desde 1924, los toros de la feria han matado a 13 personas.

next-to-last

slightly

Además de los famosos «encierros» hay otras cosas interesantes como la procesión del 7 de julio por la tarde donde miles de jóvenes con camisa y pantalón blancos y boina° y pañuelos rojos bailan sin parar al compás° de temas folklóricos que toca la banda municipal. En la procesión van también los «Gigantes» y los «Cabezudos»[1] que persiguen a los niños.

beret / rhythm

Por la noche, nadie o casi nadie duerme. Las «Peñas» desfilan° con sus grupos musicales y en bares y tabernas la gente canta y bebe vino tinto. A las seis de la mañana, hay que empezar a prepararse para el siguiente «encierro». A las siete, las bandas de música despiertan a toda la ciudad.

parade

Del diario *Las Américas* (Miami)

Comente usted...

1. ¿Dónde y cuándo se celebra la feria de San Fermín?
2. ¿Cuánto tiempo dura la feria y qué hace todo el pueblo durante este tiempo?
3. ¿Celebran la feria de San Fermín sólo los españoles?
4. ¿Qué hacen los jóvenes de Pamplona todas las mañanas durante la feria?
5. ¿Cuánto tiempo demoran los toros en llegar a la plaza de toros y qué distancia recorren en ese tiempo?
6. ¿Qué se hace durante el «encierro»? ¿Es peligroso?
7. Además de los «encierros,» ¿qué otras cosas se hacen para celebrar la feria de San Fermín?
8. ¿Qué hace toda la gente durante la feria de San Fermín?

¡Olé!

[1] Muñecos de gran tamaño que desfilan en la procesión.

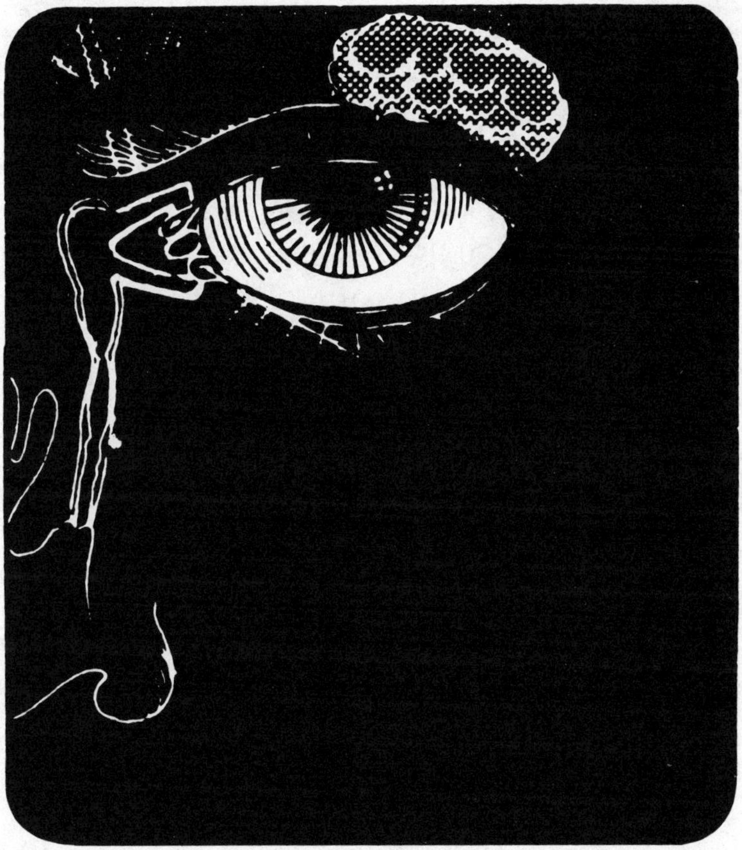

La brujería (Adaptado)

Con los africanos, que se habían traído a América como esclavos, vinieron las creencias° y supersticiones de su tierra. Cuando sus amos° les impusieron la religión católica, éstos se ocultaron° para practicar sus viejos ritos o los encubrieron° con algunas formas externas del cristianismo. Como es lógico, estas prácticas fueron más comunes en los países que habían recibido más esclavos: Haití, Cuba, Santo Domingo y Brasil.

A continuación presentamos algunas interesantes observaciones que sobre la brujería hizo el Dr. Fernando Ortiz, conocido etnólogo cubano, quien dedicó° su vida al estudio de este tema.

beliefs
masters
hid
covered up
devoted

¿QUIERE SER FELIZ? ¿GOZAR DE SALUD, DINERO Y AMOR?

CONQUISTE, DOMINE Y TRIUNFE

Hoy tiene la oportunidad de alcanzar lo que tanto ha deseado. REYNA SHYBA I, Fundadora y Directora de los Centros Espiritistas Internacionales de América y el Mundo Entero, es la única que posee los SECRETOS INFALIBLES, para recuperar su buena suerte, destino favorable, su Salud; atraer y dominar al ser querido, librarla de enemigos, malos vecinos, malas enfermedades, salaciones, maleficios, embrujos. A través de sus amplios conocimientos, capacidades y potestades, le hará desarrollar todos sus poderes Magnéticos Ocultos que le darán poder y dominio sobre los demás. Su hogar tendrá protección, paz y tranquilidad para siempre. Conquistará fácilmente al ser deseado y será feliz amando y siendo amada (o). Le dará Secretos que le harán ganar abundante dinero en juegos, trabajos, negocios 5 y 6 loterías. Le hará conseguir trabajo estable y bueno. Recuperará su belleza y lozanía para atraer al sexo opuesto. Alejará malas amistades, vicios, malos espíritus, malas sombras. Le indicará qué amistades le convienen y cuáles no. Le dará fórmulas para que conserve su vigor y potencia permanentes. Usted iniciará una NUEVA VIDA, desde el instante en que le escriba contándole cualquier problema que tenga. En pocos días recibirá la solución única, verdadera y efectiva. Si envía $5, recibirá inmediatamente "EL SECRETO PARA OBTENER LO QUE MAS DESEA". Dirija sus cartas únicamente a: REYNA SHIBA I.

APARTADO 6072, CCI-QUITO-ECUADOR

El vodú

El *vodú* o culto de la culebra, muy extendido en Haití y algunos Estados de la Unión norteamericana, echó también sus raíces en Cuba, pero éstas no arraigaron sino muy superficialmente. Se atribuye toda suerte de maleficios° a los *vodús*. ¡Pueden dañarnos de tantas maneras! Les basta mirarnos de reojo para darnos mala suerte, y después de eso nada puede salirnos bien: nuestra salud, nuestra fortuna han terminado... En verdad, los *vodús*, por sus conjuros, sus gestos, sus hechizos° y sus sortilegios, dan pie° a insensatas° exageraciones.

evil
spells / start
senseless

Quizás tuvo relación con el *vodú* el antiguo «baile de la culebra», que ejecutaban los afrocubanos alrededor de una boa artificial, después de pasearla por la Habana.

El culto de la brujería

Generalmente, debido en parte a la necesidad de ocultar los ritos, éstos son practicados en el interior de las casas de los sacerdotes. Sin embargo, en el campo, los brujos señalan exteriormente sus templos. Unas mazorcas de maíz° con los granos al descubierto son un símbolo de brujería. En el lugar preferente de la habitación del brujo está el altar, donde se colocan las ofrendas° al santo: coco, calabaza,° flores, semillas, collares de cuentas de diferentes colores, herraduras° y otra serie de materiales que se usan para preparar los hechizos.

ears of corn
offerings
pumpkin
horse-shoes

Significado de los colores

Cuando los africanos llegaron a Cuba asociaron sus dioses a los santos de la religión católica, manteniendo en su ideología los colores que correspondían a cada santo. Así los devotos de la Virgen de las Mercedes, *Obatalá* para los africanos, se visten de blanco; los que se dedican al culto de Santa Bárbara, *Changó* para los brujos, utilizan el rojo y el blanco.

Pero pese a lo dicho, no es raro entre algunas mujeres vestir un hábito, como «promesa» por un favor recibido de los dioses. Dicho hábito o es blanco, cuando se ofrece a la Virgen de las Mercedes, o amarillo, cuando se ofrece a la Virgen de la Caridad del Cobre; estas vírgenes representan para los fieles° de *Obatalá,* a esta diosa y a *Oshún,* respectivamente. Es muy probable que, por lo menos en su uso actual, estos vestidos-promesas sean una supervivencia de los vestidos de las cofradías brujas.

faithful

A menudo los brujos se visten de una manera muy similar a como lo hacían en África, y parte importante de su vestimenta° es el gorro que generalmente adornan con plumas° de colores vivos y con cabellos humanos.

attire
feathers

Ofrendas

El culto de los brujos consiste principalmente en dedicar a la divinidad diversas ofrendas, con el objeto de merecer su protección y ayuda. Las ofrendas más comunes son:

GRATIS SU PASADO, PRESENTE Y FUTURO Y EL AMULETO DE LOS 4 ROSTROS
Tenga en sus manos el mejor regalo de su vida: Una consulta con su pasado, presente y futuro. (No nos cuente nada de su persona. nosotros se lo diremos todo) solo tiene que enviar su fecha de nacimiento, su nombre y apellidos con su dirección BIEN CLARA. También recibirá GRATIS el AMULETO DE LOS 4 ROSTROS DE LA FORTUNA y el número de su suerte para que gane en loterías. El milagro existe y le diré a usted en la forma que puede descubrir sus propios milagros.
Si desea este trabajo por
Si lo desea por barco no
perar 35 dias.
ESCRIBA A
M
TALISMAN GRATIS
"EL SECRETO DE LA FELICIDAD"
BUENA SUERTE PARA UD.
ESTE TALISMAN GRATIS
PARA USTED
TALISMAN
MARABAKI
SALUD
AMOR
SUERTE
DINERO
Si es usted persona de buena fe y creyente en los poderes sobrenaturales, escríbame, Y ABSOLUTAMENTE GRATIS recibirá este talismán con todas las instrucciones para su uso. — Usted no tiene que pagar nada ahora ni después. — Se lo envío gratis, por misión espiritual que debo cumplir, para que usted obtenga buena suerte en todo, y progrese en los negocios, juegos, amores, salud.
SECRETOS PARA GANAR DINERO Y PARA TRIUNFAR EN LOS AMORES
Mande su nombre y dirección completa y rápidamente le enviaré este divino y milagroso obsequio. (Escriba claro.)
Dirijase a:
SR. N. HERRERA
APARTADO No. 14,166, MEXICO, 14, D. F.

cocos, maníes, calabazas, plátanos, naranjas, hierbas, y bebidas como el aguardiente.° — brandy

El gallo, además de utilizarlo para algunos hechizos, lo ofrecen en sacrificio a sus dioses. En este caso debe ser un gallo o un pollo de plumas negras, al cual matan agarrándolo por las patas° y golpeándole la cabeza contra el suelo. No sólo se le ofrendan aves° a los dioses sino otros animales como chivos, cochinos, etc.

legs
birds

Curas

Citamos a continuación algunos ejemplos de cómo los brujos curan algunas enfermedades. Para el calambre° ordenan envolver la pierna en una piel de anguila.° Para los dolores de estómago, un cinturón de piel de serpiente. Para enfermedades de los ojos, llevar al cuello en una bolsita° las patas de un sapo.° Para curar un orzuelo,° frotarlo con la cola° de un gato. Para el reumatismo, huevos de hormiga con jugo de cebolla. Contra el alcoholismo, se usan los huevos de lechuza.° Para quitarse las verrugas° se debe robar un trozo de tocino y frotarlas con él.

cramp
eel
little bag / toad / sty
tail
owl / warts

Hechizos amorosos

Todavía más que con las curas de enfermedades, el brujo gana dinero con la preparación y venta de hechizos amorosos. Los enamorados les piden ayuda a los brujos para conseguir el amor del hombre o la mujer de sus sueños. Los brujos consiguen esto fácilmente y de varias maneras. Se pone en la comida de la persona que se desea conquistar el corazón seco y molido° del colibrí. Otras veces se utiliza un pedazo de la ropa de esa persona; después de obtenerlo se toma un pedazo de cordel° y se hacen siete nudos° en él pronunciando el nombre de la «víctima». Se entierra entonces el cordel y el trozo de ropa en una maceta° con una planta; mientras la planta viva, la fidelidad del ser amado es segura.

ground
string
knots
pot

Aunque el progreso destruyó la mayoría de estas supersticiones, todavía existen muchas de origen europeo como la creencia en el «mal de ojo», y las malas influencias del número trece y el gato negro o la buena suerte que traen la pata de conejo o las herraduras y mil y mil más.

Fragmentos de las obras del etnólogo cubano
Dr. Fernando Ortiz.

Comente usted...

1. ¿Cuál es el origen de la brujería y en qué países fue más común?
2. ¿Dónde estaba muy difundido el *vodú* y con qué está relacionado?
3. ¿Qué hacen los brujos en el campo y qué cosas colocan en sus altares?
4. ¿Con qué asociaron los africanos a sus dioses y qué mantuvieron en su ideología?
5. ¿Qué hacen algunas mujeres como «promesa» y qué representan los diferentes colores?
6. ¿Qué usan los brujos a menudo?
7. ¿Puede Ud. hablar de algunas de las ofrendas que utilizan los brujos?
8. Según los brujos, ¿qué enfermedades pueden curar y qué utilizan para curarlas?
9. ¿Con qué ganan los brujos más dinero? Dé algunos ejemplos de hechizos amorosos.
10. ¿Cuáles son algunas de las supersticiones que existen hoy en día y qué origen tienen?

CAPRICORNIO
(Diciembre 22 a Enero 19)

PISCIS
(Febrero 19 a Marzo 20)

ARIES
(Marzo 21 a Abril 19)

ACUARIO
(Enero 20 a Febrero 18)

Desde su mundo

1. ¿Hay mucha gente supersticiosa en los Estados Unidos?
2. Cite algunas supersticiones que tienen las gentes de este país.
3. ¿Sabe Ud. cuál es su signo del zodíaco?
4. Si su horóscopo dice que no debe Ud. viajar, ¿pospone Ud. el viaje?
5. ¿Qué fiestas se celebran en los Estados Unidos que son típicas de este país?
6. ¿Cómo se celebra en los Estados Unidos el día de Acción de Gracias?
7. ¿Qué hacen los niños de este país el día de las brujas *[Halloween]*?
8. ¿Por qué es famosa la ciudad de Salem?
9. ¿Qué hacían en Salem con las personas acusadas de practicar la brujería?
10. ¿Qué superstición existe en los Estados Unidos con respecto a las verrugas?

hablan las estrellas

LAS FUERZAS ASTROLOGICAS EN NOSOTROS

La mayoría de nosotros preferimos ser personas idealistas, con cualidades excepcionales. Pero siendo las fuerzas astrológicas influencias impersonales de fuerzas variadas, depende principalmente de nosotros lo que hagamos con la energía que ha proporcionado la naturaleza para nuestro desarrollo.

Si estamos decepcionados de la imagen astrológica de nuestras características, tenemos solamente que tomar las fuerzas planetarias de nuestra constitución, según estén alineadas en la figura de nacimiento y desarrollar el valor positivo de cada influencia planetaria.

El resultado será bueno, pues la proporción no empleada en el universo está almacenando una reserva poderosa de energía que nada más desarrollará la práctica.

Muchas personas bien intencionadas tienen un concepto falso de sí mismas, e incluso cuando se les presenta una imagen precisa de su propia personalidad y su temperamento, no quieren o no pueden reconocerla.

LEO

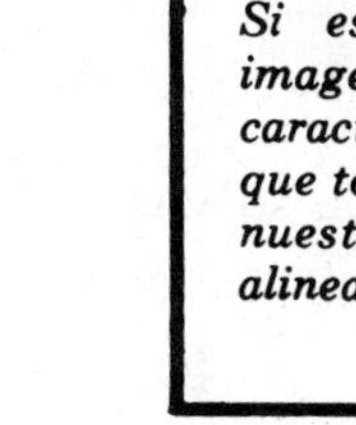

LEO
(Julio 23 a Agosto 22)

ESCORPION

TAURO

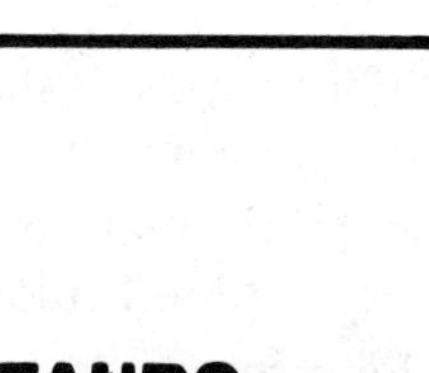

TAURO
(Abril 20 a Mayo 20)

CANCER

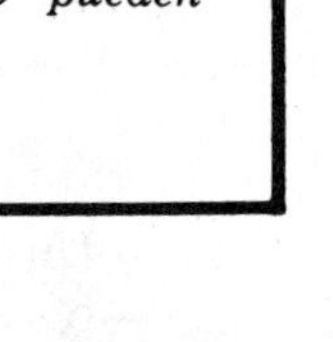

CANCER
(Junio 21 a Julio 22)

VOCABULARIO

NOMBRES

la **brujería** witchcraft
el **brujo** sorcerer
el **carnicero** meat cutter
el **cinturón** belt
el **círculo** circle
el **cochino, cerdo, puerco** pig
el **conejo** rabbit
la **culebra, serpiente** snake
el **chivo,** la **cabra** goat
el **esclavo** slave
la **flor** flower
el **gallo** rooster
el **garabato** doodle
el **gorro** cap
la **hormiga** ant
el **huésped** guest
la **piel** skin
el **sacerdote** priest
el (la) **soñador(a)** dreamer
el **tocino** bacon
el **toro** bull
el **trozo** piece

VERBOS

atropellar to run over
colocar to place
dañar to hurt
enterrar to bury
fijarse to notice, to pay attention
frotar to rub
merecer, ser digno(a) de to deserve
tardar to delay, to take *(ref. to time)*

ADJETIVOS

aficionado(a) fan
ambos(as) both
célebre famous
herido(a) wounded
recto(a) straight
semejante, similar similar
vanidoso(a) vain

OTRAS PALABRAS Y EXPRESIONES

echar raíces, arraigar to take root
mirar de reojo to look sideways
mirar hacia adelante to look ahead

Palabras y más palabras

Las palabras que aparecen en las selecciones... ¿forman ya parte de su vocabulario? ¡Vamos a ver!

A. *¿De qué están hablando?*

1. —Un hermano de mi esposo está pasando unos días con nosotros.
   —Nosotros también tenemos invitados este fin de semana.
2. —Yo creo que existe el «mal de ojo».
   —¡Ay, hija! Eso es cosa de brujos...
3. —Nuestro hijo siempre está haciendo planes.
   —Sí, no hace más que soñar... ¡pero no trabaja!
4. —Teresa siempre tiene una pata de conejo en su cartera.
   —Sí, y nunca viaja los martes trece.[1]
5. —Tengo que ir a comprar carne de cerdo y tocino.
   —¿Por qué no se la compras a don Ignacio? Él vende muy buena carne.

[1]Los hispanohablantes creen que el día de mala suerte es el martes 13.

Estas máscaras se encuentran en varias boutiques en México.

B. Dé las palabras equivalentes a lo siguiente.

1. se usa alrededor de la cintura
2. persona que no es libre
3. figura redonda
4. rosas, violetas, gladiolos, etc.
5. tipo de sombrero
6. epidermis
7. serpiente
8. arraigar
9. poner debajo de la tierra
10. pedazo
11. que tiene mucha vanidad
12. hacer daño
13. famoso
14. poner
15. similar
16. los dos
17. prestar atención
18. clase de insecto
19. animal que se usa en una corrida
20. ave de corral
21. lo que hacemos cuando garabateamos
22. cabra
23. mover una cosa sobre otra haciendo presión
24. que tiene una herida
25. ser digno de

EXPANSIÓN DE VOCABULARIO (Actividad opcional)

Alguna celebraciones

Año Nuevo New Year
Día de Acción de Gracias Thanksgiving
Día de los Enamorados Valentine's Day
Día de la Independencia Independence Day
Día de las Madres Mother's Day
Día de los Padres Father's Day
Día del Trabajo Labor Day
Nochebuena Christmas Eve
Víspera de Año Nuevo, Fin de Año New Year's Eve

Otras palabras relacionadas con las supersticiones

el **amuleto** amulet
la **bruja** witch
el **diablo, demonio** devil, demon
la **magia negra** black magic
el (la) **mago(a)** magician
el **mal de ojo** evil eye
el **horóscopo** horoscope
los **signos del zodíaco** zodiac signs

¿Cuánto vocabulario nuevo ha aprendido usted?

Complete las siguientes oraciones usando las palabras de la lista anterior.

1. Mi ____ es Aries, y yo siempre leo mi ____ antes de salir de casa.
2. El ____ es el segundo domingo de mayo, y el ____ es el tercer domingo de junio.
3. En el mes de noviembre, el pueblo norteamericano celebra ____ .
4. Para evitar el mal de ____ , usa un ____ . Eso es cosa de brujería.
5. El 24 de diciembre es la ____ y el 31 de diciembre es la ____ .
6. Esa bruja practica la ____ negra.
7. Houdini fue un famoso ____ .
8. En el mes de febrero se celebra el ____ .
9. La primera fiesta del año es el ____ .
10. Otro nombre para el diablo es ____ .
11. El 4 de julio es ____ de los Estados Unidos.
12. En los Estados Unidos, el primer lunes de septiembre se celebra el ____ .

Actividades especiales

A. *Hábleme de usted...*

1. Yo tengo tendencia a...
2. Soy de carácter...
3. Yo tengo habilidad para...
4. Yo siempre tengo en cuenta...
5. Yo pierdo la noción del tiempo cuando...
6. Año tras año yo...
7. Una vez resulté herido(a) cuando...
8. Para mí es muy interesante...
9. Debo empezar a prepararme para...
10. Yo creo que la brujería...
11. Yo voy a dedicar mi vida a...
12. No es raro entre mis amigos...
13. Yo a menudo...
14. Para dolores de estómago yo creo que lo mejor es...
15. Para conseguir el amor de la mujer (del hombre) de mis sueños yo...

B. La clase se dividirá en grupos de dos para tomar este «test» sobre las supersticiones. Lean y contesten las siguientes preguntas y después decidan cuál es el más supersticioso de los dos.

1 2 3

¿Alguna de las ilustraciones que aparecen en esta página le producen una sensación de miedo? ¿Cuántas?

☐Una ☐Dos ☐Tres ☐ninguna

Ahora, conteste estas preguntas:

1. Si accidentalmente se derrama *[spill]* sal, ¿piensa que le traerá mala suerte?

   ☐Sí ☐No

2. Cuando derrama sal..., ¿arroja un poquito por encima del hombro izquierdo para evitar la mala suerte?

   ☐Sí ☐No

3. Cuando cruza los dedos... ¿se siente más seguro(a)?

   ☐Sí ☐No

4. Si quiere que una visita se vaya, ¿pone una escoba detrás de la puerta?

   ☐Sí ☐No

5. Si un gato negro se atraviesa en su camino, ¿piensa que va a tener mala suerte?

   ☐Sí No

6. ¿En las bodas siempre les arroja arroz a los novios?

   ☐Sí ☐No

7. ¿Cree Ud. que cuando el novio lleva a la novia en brazos para entrar en la casa, tendrán un matrimonio feliz?

   ☐Sí ☐No

8. ¿Trata siempre de no pasar por debajo de una escalera?
   □Sí □No

9. ¿Toca madera cuando desea que algo le salga bien?
   □Sí □No

10. Si se le rompe un espejo... ¿cree que va a tener siete años de mala suerte?
    □Sí □No

11. ¿Lleva con Ud. una pata de conejo para que le dé buena suerte?
    □Sí □No

12. Los viernes 13... ¿toma siempre precauciones?
    □Sí □No

13. ¿Cree Ud. que abrir un paraguas dentro de la casa trae mala suerte?
    □Sí □No

PUNTUACIÓN

En la pregunta A, anote 1, 2 o 3 puntos, según las ilustraciones que le produjeron miedo. Y 1 punto por cada «Sí» que haya contestado a las 13 preguntas restantes.

RESULTADOS

0–3: Usted no es una persona supersticiosa, pero algunos de sus hábitos vienen de viejas creencias. Esto es porque ciertas prácticas que fueron supersticiones en sus orígenes, son actualmente una costumbre social.

4–7: Esta puntuación la tienen generalmente las personas que se burlan de las supersticiones públicamente, pero que, por ejemplo, se ponen muy contentas si descubren que la habitación que le dan en un hotel no es la número 113.

8–10: En esta categoría están aquéllos que en muchas ocasiones se sienten limitados en sus acciones por tener arraigadas en su personalidad ciertas creencias absurdas.

11–13: Si obtuvo esta puntuación hay motivos para alarmarse. Esto indica que su visión de la vida va en contra de los conocimientos modernos, y es un impedimento para aceptar la realidad. Probablemente Ud. tiene también otras supersticiones que no aparecen en este «test».

* * *

Composición

Imagínese que Ud. va a dar una charla sobre El Día de Acción de Gracias, una celebración típicamente norteamericana, para un grupo de estudiantes latinoamericanos. Prepare la charla siguiendo estos pasos.

1. Introducción
   Origen de esta celebración
2. Desarrollo
   a. Fecha en que se celebra esta fiesta
   b. Qué se hace ese día
   c. Tipo de comida que se sirve ese día
   d. Dé ejemplos de lo que su familia acostumbra a hacer en esta ocasión.
3. Conclusión
   Explique lo que esta fecha representa para Ud.

UNA ADIVINANZA

Alto, altanero° — arrogant
gran caballero
capa dorada° — golden
y un gran sombrero.

—¡Por fin tenemos transporte colectivo!

el gallo

7
¿Símbolos del progreso...?

Vuelven a entrar en vigor las medidas de anticontaminación (Adaptado)

Desde las cero horas de hoy, martes, ha entrado en vigor el primer bloque de medidas de emergencia contra la contaminación, a consecuencia del fuerte deterioro de la calidad del aire. Las medidas suponen unas restricciones que van desde la limitación del encendido de calefacción durante el período comprendido° entre las once de la mañana y las siete de la tarde, hasta la imposición de multas de 5.000 a 15.000 pesetas a vehículos que obstruyan el tráfico en cualquier punto de la zona contaminada, que es prácticamente todo el centro de la ciudad.

comprendido° contained

Si se mantiene la peligrosa situación del ambiente a la que se llegó ayer durante los dos días próximos, el Ayuntamiento° solicitará al Gobierno Civil la entrada en vigor del segundo paquete de medidas previsto° para tales situaciones. Desde las primeras horas de la mañana del lunes, prácticamente todas las estaciones destinadas al análisis de la pureza del aire, mostraron datos bastante alarmantes. Entre las dos y cuatro de la tarde mejoró la situación, pero las previsiones eran de que la contaminación volvería a aumentar y que incluso rebasarían° los niveles alcanzados por la mañana.

Ayuntamiento° municipal government
previsto° anticipated
rebasarían° would go over

Lo cierto es que ayer, con sólo recorrer° el centro de la ciudad, se podía notar una densa cortina de humo, señal evidente de la disminución de la calidad del aire. Desde la carretera de La Coruña, a la entrada de Madrid, podía verse la oscura nube, conocida como *smog*, envolviendo todos los edificios de la ciudad.

recorrer° to go around

Del diario *El País* (Madrid)

mercado del motor

Comente usted...

1. ¿Por qué han entrado en vigor nuevas medidas contra la contaminación?
2. ¿En qué consisten las medidas?
3. ¿Qué hará el Ayuntamiento si se mantiene la situación del ambiente?
4. ¿Cuál fue la situación del ambiente el lunes?
5. ¿Qué se podía notar ayer al recorrer el centro de la ciudad?
6. ¿Qué podía verse desde la carretera de La Coruña?

El automóvil devora espacio y tiempo (Adaptado)

En una proporción que crece año tras año, las grandes ciudades dedican una enorme parte de su espacio a atender, estacionar, hacer circular, vender, comprar y abandonar automóviles. La ciudad de Los Ángeles, en California, ha sacrificado a los autos el setenta por ciento de su suelo. Apenas un 30 por ciento — que todos los años encoge un poco más — queda para la gente. La isla de Manhattan utiliza la mitad de su superficie total para la circulación y atención de los automóviles. En Europa, algunas ciudades se defienden todavía de la invasión. Amsterdam reivindica obstinadamente a la bicicleta; y la municipalidad, que no prohibe nada, «molesta» a los automóviles todo lo que puede obstaculizándole el tráfico a lo largo de los viejos canales de la ciudad.

El automóvil, ¿hace ganar tiempo? Éste es el motivo que usualmente empuja a los compradores; pero este instrumento, considerado imprescindible para economizar tiempo en la vida moderna, devora en Europa entre tres y cuatro horas por persona y por día. Para realizar este cálculo, dos investigadores franceses, Dupuy y Robert, han sumado el promedio de tiempo invertido en ir de un lugar a otro, al tiempo que es preciso trabajar para pagar los gastos que un automóvil implica. Las horas necesarias para ganar el dinero equivalente al precio del auto, el permiso de conducir, el seguro, los gastos de garaje, el combustible, los neumáticos, los repuestos, las revisiones y reparaciones normales, los gastos de estacionamiento y peaje° y las multas y los accesorios se agregan, así, al tiempo promedio de los trayectos recorridos. ¿No es absurdo dedicar tres o cuatro horas diarias al automóvil? «Trabajamos», dicen los autores, «una buena parte de nuestro tiempo para pagar el transporte al trabajo».

toll

Hoy en día se siente un notorio desprecio° por las caminatas.° Andar a pie es un comportamiento° extraño y anticuado, que habría que eliminar porque resulta antieconómico. Para la sociedad industrial contemporánea, el tiempo que uno pasa yendo entre uno y otro punto es un «tiempo muerto». No da dinero: es inútil.

scorn
walks / behavior

Del diario *El País* (Madrid)

Comente usted...

1. ¿Qué efecto tiene el automóvil en las grandes ciudades?
2. ¿Qué pasa en Los Ángeles, California?
3. ¿Cómo se defiende Amsterdam de la invasión del automóvil?
4. Generalmente, ¿qué impulsa a los compradores a adquirir un coche?
5. Según Dupuy y Robert, ¿qué tiempo de la vida de una persona consume el automóvil?
6. ¿Qué gastos tiene una persona para mantener un automóvil?
7. ¿A qué conclusión llegan Dupuy y Robert?
8. Según el artículo, ¿qué piensa la sociedad industrial contemporánea sobre la idea de andar a pie?

¿Qué nos traerá la década de los '80? (Adaptado)

Profundos cambios se notarán en el mundo en la presente década y con toda seguridad antes del fin de siglo. Ésta es la opinión de un grupo de científicos llamados futurólogos, los que con las computadoras «adivinan» el futuro de las naciones y del mundo. Todos coinciden en afirmar que en los próximos años veremos increíbles avances en medicina, ciencia espacial, agricultura y comunicaciones, que harán posible la desaparición del cáncer y el retraso° del proceso de la vejez, la producción de comida para todos, y facilitarán viajes masivos y baratos entre todos los rincones del globo. Pero al mismo tiempo, dicen los científicos, el mundo será más caliente y seco, más sucio y mucho más poblado° que en su estado presente. La década de los '80 será un período decisivo, agregan los científicos, porque decidirá el futuro del mundo en los siguientes cincuenta años.

En el campo alimenticio se considera seriamente hacer siembras° y cosechas de algas, con contenido proteínico, y de nuevas variantes de granos que pueden crecer, creando su propio fertilizante. Dentro de cinco años tendremos una tableta que eliminará la muerte por hambre y desnutrición.

Los alimentos que serán consumidos en gran parte del globo en una década, serán proteínas sintéticas obtenidas de las bacterias y levadura,° con ingredientes artificiales que las harán parecidas a cualquier alimento natural.

La búsqueda de materias primas° se extenderá al fondo de los océanos y hasta la luna. Los combustibles sintéticos, que ya existen, serán de uso universal, reduciendo la dependencia al petróleo.

Pero debido a la mayor cantidad de dióxido de carbono en el aire, la temperatura promedio en el mundo subirá lentamente, con el resultado de que habrá escasez° de agua potable.° Para aliviar este problema, se podría usar la energía solar para desalinizar el agua de mar.

La computarización de la vida diaria, sobre todo en el mundo industrializado, ya es un hecho,° y se habrá extendido mucho más dentro de los próximos diez años. Para 1990 el 80 por ciento de las casas norteamericanas tendrán computadoras que ayudarán a los que viven en ellas en el

retraso: delaying
poblado: populated
siembras: seedings
levadura: yeast
La... the search for raw materials
escasez: scarcity
potable: fresh
hecho: fact

trabajo, comunicaciones, compras, entretenimientos, etc. Para 1985, los médicos podrán diagnosticar a los pacientes por televisión. Las computadoras domésticas también serán utilizadas para votar, algo que ya se experimenta en el Japón.

Con la proliferación de medios electrónicos de entretenimiento — grandes pantallas de televisión en las casas y múltiples canales fácilmente accesibles — la gente permanecerá más tiempo en las casas.

Los futurólogos dicen que los avances más grandes en los próximos años serán en medicina, ingeniería y aviación. Ya se trabaja en un suplemento dietético que mejora la memoria, en un producto que sustituirá al azúcar, y en una medicina que retarda la vejez. Un gran número de órganos humanos podrá ser reemplazado por otros artificiales de perfecto funcionamiento.

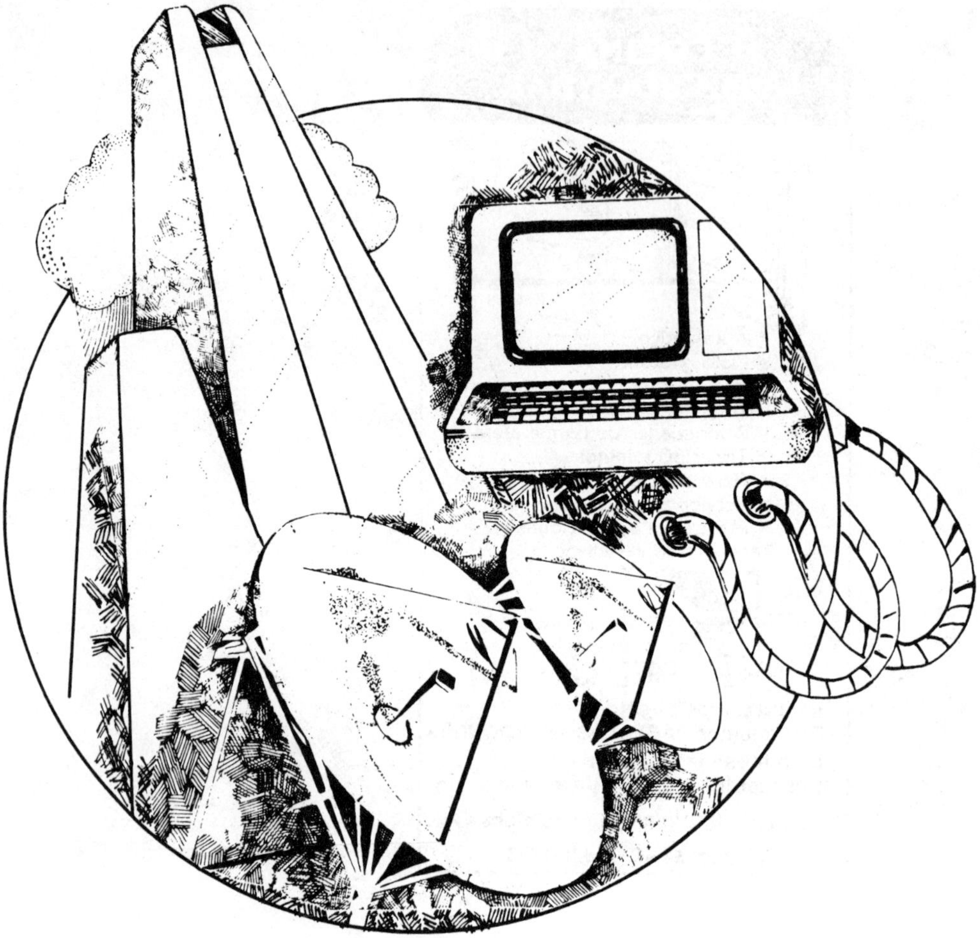

A principios del siglo XXI, habrá satélites que, utilizando la energía solar, darán al mundo una nueva fuente de energía eléctrica. La población de nuestro planeta habrá crecido a siete mil millones en el año 2000. La ciudad más grande del mundo será México, con 31 millones de habitantes.

Los humanos, algunos de ellos hombres y mujeres «biónicos», tendrán ayuda de miles de robots. Finalmente, en la próxima década, los científicos seguirán sus esfuerzos por hacer contacto con otras civilizaciones en el universo, ya que creen que hay muchos mundos como el nuestro que han desarrollado vida humana e inteligencia.

De la revista *Réplica* (Miami)

Comente usted...

1. Según los futurólogos, ¿qué pasará antes del fin de siglo?
2. ¿Qué pasará en los siguientes campos: (a) la medicina (b) la agricultura y (c) las comunicaciones?
3. ¿Qué cambios desfavorables ocurrirán en el mundo?
4. ¿Cómo se podrá eliminar en el futuro la muerte por hambre?
5. ¿Qué tipos de alimentos consumirá la gente en gran parte del globo?
6. ¿Cómo se reducirá la dependencia al petróleo?
7. ¿Por qué escaseará el agua potable y qué podría hacerse para aliviar el problema?
8. ¿Cómo se habrá extendido para 1990 la computarización de la vida diaria?
9. En el futuro, la vejez no traerá tantos problemas como trae ahora. ¿Por qué?
10. ¿Cuál será la principal fuente de energía en el siglo XXI?
11. ¿Qué ocurrirá con la población en nuestro planeta en el año 2000?
12. ¿Qué seguirán haciendo los científicos en la próxima década?

Desde su mundo

1. ¿Qué medidas han tomado en la ciudad donde usted vive para combatir la contaminación del aire?
2. ¿Qué problemas causan los automóviles en la ciudad donde usted vive?
3. ¿Qué gastos le causa a usted su automóvil?
4. ¿Qué ventajas y desventajas tiene para usted el automóvil?
5. ¿Qué ventajas y desventajas tiene para usted andar a pie?
6. En el futuro se facilitarán los viajes entre todos los rincones del globo. ¿Qué lugares le gustaría visitar?
7. ¿Qué opina usted sobre la idea de usar tabletas en vez de comida?
8. ¿Qué cosas habrá hecho ya usted para el año 2000?
9. ¿Qué ventajas y desventajas ve usted en la computarización de la vida diaria?
10. Si es verdad que hay vida en otros planetas, ¿cómo imagina usted a sus habitantes?

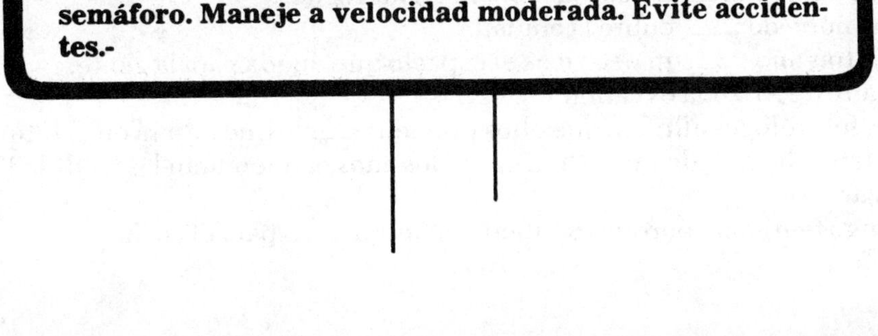

VOCABULARIO

NOMBRES

el **ambiente** environment
la **calefacción** heating
el **canal** channel
el **combustible** fuel
el (la) **comprador(a)** buyer
la **cosecha** harvest
el **estacionamiento** parking
el **gasto** expense
el **humo** smoke
la **luna** moon
la **medida** measure
la **multa** fine
la **nube** cloud
la **pantalla** screen
el **permiso** permit, license
de conducir driver's license
el **promedio** average
el **repuesto** part *(i.e., of a car)*
la **revisión** check, checkup
la **seguridad** certainty
el **seguro** insurance
la **señal** sign
la **vejez** old age

VERBOS

adivinar to guess
afirmar to state
alcanzar to reach
empujar to push
encoger(se) to shrink
estacionar, aparcar to park
invertir (e›ie) to invest
sumar to add

ADJETIVOS

imprescindible, indispensable indispensable
seco(a) dry

OTRAS PALABRAS Y EXPRESIONES

a lo largo de along
andar a pie to walk
año tras año year after year
debido a due to
entrar en vigor to go into effect
es preciso it's necessary
lo cierto es the truth is

Palabras y más palabras

Las palabras que aparecen en las selecciones... ¿forman ya parte de su vocabulario? ¡Vamos a ver!

Complete las siguientes oraciones, usando las palabras del vocabulario.

1. Para conducir necesito un ____ .
2. La gasolina es un tipo de ____ .
3. Tuve un accidente, pero no me van a pagar los gastos porque no tengo ____ .
4. Es imprescindible tomar ____ contra la contaminación del ____ .
5. Andar a pie es un buen ejercicio, pero lo ____ es que no siempre es posible.
6. A veces es ____ cerrar las fábricas ____ a la contaminación del aire.
7. Me dieron una ____ por estacionar mal mi coche.
8. Una nube de ____ cubre la ciudad.
9. Año tras año ____ un poco más el espacio que queda para la gente.
10. El aire de Arizona es caliente y ____ .
11. Los futurólogos afirman que ellos pueden ____ lo que pasará en el futuro.
12. Yo tengo la ____ de que, a lo ____ de los años, aumentarán las facilidades para viajar.
13. Vengo temprano porque es difícil encontrar ____ para el coche.

14. El mecánico me hizo una ___ del coche y me dijo que necesitaba varias piezas de ___ .
15. Para combatir la contaminación del aire, el encendido de la ___ se limitará a un ___ de cinco horas por día.
16. Yo ___ todo mi dinero en comprar alimentos.
17. En el futuro, las ___ de televisión serán enormes y habrá multiples ___ .
18. Armstrong fue el primer hombre que llegó a la ___ .
19. Ese humo es ___ evidente de que la contaminación está ___ niveles peligrosos.
20. Sabremos lo que cuesta un coche, si ___ todos los gastos que produce.

EXPANSIÓN DE VOCABULARIO (Actividad opcional)

Palabras relacionadas con el automóvil

el **acumulador,** la **batería** battery
arrancar to start *(a motor)*
el **asiento** seat
el **capó** hood
la **chapa,** la **placa** license plate
el **faro** headlight
el **freno** brake
funcionar to work, to function
el **gato** jack
la **goma pinchada** flat tire
la **grúa,** el **remolcador** tow truck
el **guardafango** fender
el **indicador** turn signal
el **limpiaparabrisas** windshield wiper
el **maletero** trunk (of a car)
el **parabrisas** windshield
el **radiador** radiator
remolcar to tow
el **taller de mecánica** repair shop
el **semáforo** traffic light
la **ventanilla** window *(of a car, bus, etc.)*
el **volante** steering wheel

¿Cuánto vocabulario nuevo ha aprendido usted?

A. Complete las siguientes oraciones utilizando el vocabulario aprendido.

1. Mi coche no arranca. Tengo que llevarlo al ____ .
2. Necesitamos agregarle agua al ____ y al ____ .
3. Necesito el ____ para cambiar la goma pinchada.
4. Para remolcar el coche, vamos a necesitar una ____ .
5. Las luces del ____ son roja, amarilla y verde.
6. No pude parar el coche porque los ____ no funcionaban.

B. Nombre las partes del coche señaladas por los números.

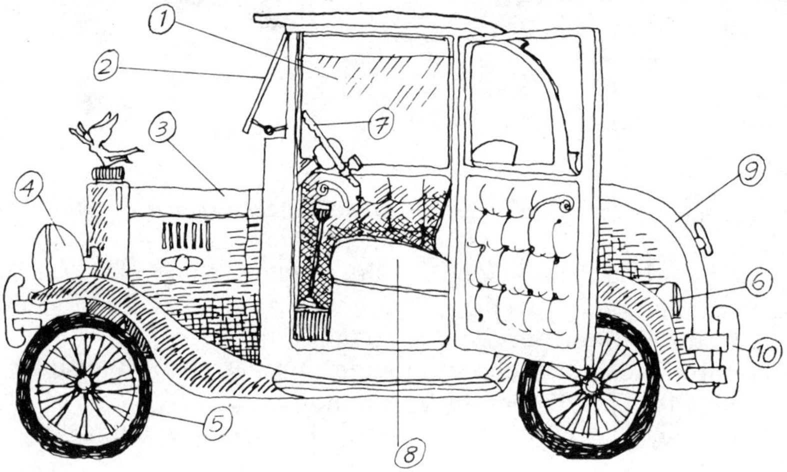

1	6 ....
2	7 ....
3	8 ....
4	9 ....
5	10 ....

Actividades especiales

A. ¿Cuál es la diferencia entre...

1. una década y un siglo?
2. una ciudad y un pueblo?
3. el combustible sintético y el natural?
4. el hambre y la desnutrición?
5. la siembra y la cosecha?
6. una sociedad industrial y una sociedad agrícola?
7. un océano y un río?
8. un futurólogo y una persona que «adivina» el futuro con una bola de cristal?
9. un robot y un hombre biónico?
10. una calle y una carretera?

B. La clase se dividirá en cuatro grupos: dos grupos discutirán las posibles soluciones al problema de la contaminación del aire, y los otros dos hablarán sobre las maneras de economizar energía. Cada grupo elegirá un líder que presentará a la clase las ideas de sus compañeros. Las mejores ideas se escribirán en la pizarra.

Composición

Escriba una composición imaginándose cómo será el mundo de sus hijos (nietos).

1. Introducción
   Época en que vivirán mis hijos (nietos)
2. Desarrollo
   a. Cómo será la sociedad
   b. Cuánto habrá adelantado la medicina
   c. Facilidad de viajar
   d. Adelantos técnicos que facilitarán la vida de mis hijos (nietos)
3. Conclusión
   Por qué me gustaría (o no) ser parte de ese mundo

UNA ADIVINANZA

La vi en el mercado
y me enamoré de ella.
La llevé a casa
y lloré por ella.

—Buenos días, Jorge... Buenos días, Esteban... Buenos días, María...

La cebolla

8
Las minorías hispanas en los Estados Unidos

Estadísticas: crece la población hispana (Adaptado)

La población hispana de los Estados Unidos ha aumentado el 65 por ciento entre 1970 y 1980. Si esto continúa, para 1990 uno de cada cuatro norteamericanos será de ascendencia hispana. Para el año 2000 habrá aproximadamente cuarenta y un millones de hispanos.

Esta información, obtenida en parte a través del censo, nos da una buena idea sobre cómo está creciendo y dónde se está concentrando el mercado hispano. Según un estudio muy completo de los hispanos en los Estados Unidos, el español figura en cuarto lugar entre las lenguas que más frecuentemente se hablan en todo el mundo. Es evidente que, de todas las lenguas occidentales, el inglés y el español son las más importantes.

El español es el idioma principal para los 20 millones de hispanos que, según se calcula, viven en los Estados Unidos. El informe no incluye el gran número de hispanos que están en este país sin documentos o ilegalmente.

Las familias hispanas son más numerosas y más jovenes que las demás, y debido a que esta población es generalmente urbana y está concentrada en lugares geográficos específicos, es fácil llegar hasta ella a través de los medios de comunicación apropiados. El nivel de ingresos de la población hispana está aumentando rápidamente y es un segmento muy importante del mercado; refleja claramente el sentido de permanencia que la sociedad norteamericana le da a la comunidad hispana. Los hispanos se están dando cuenta ahora de que pueden participar en la sociedad de este país sin tener que sacrificar su identidad.

Hay muchos factores que contribuyen a este rápido crecimiento de la población hispana: entre ellos, el hecho de que las familias hispanas son más numerosas y más jóvenes, el hecho de que tienen más hijos que el resto de la población y la continua inmigración — legal e ilegal — a los Estados Unidos de países de habla hispana.

El promedio de ingresos de los hispanos que viven en los Estados Unidos es más alto que el de cualquier país hispano, y representa un mercado de más o menos 30 mil millones de dólares.

¡QUE PASA!

COMISION DE SEGURIDAD DE PRODUCTOS PARA EL CONSUMIDOR DE LOS ESTADOS UNIDOS
WASHINGTON, D.C. 20207

NO.4

DECORACIONES Y LUCES DE NAVIDAD

Las decoraciones más lindas de Navidad pueden ser las más peligrosas si no se usan con cuidado.

ARBOLES

Si usted compra un árbol natural, asegúrese de que esté fresco y que no suelte agujas. Así durará más y no se quemará tan fácilmente.

Póngalo en un pote con agua que tenga una base bien fuerte.

Bote el árbol afuera si las agujas se empiezan a caer.

Si compra un árbol plástico, asegúrese que sea resistente al fuego.

No ponga el árbol cerca de la calefacción, o en lugares donde exista peligro de fuego.

TENGA CUIDADO

Cada año 3500 personas reciben tratamiento en las salas de emergencia de los hospitales, por lesiones producidas por decoraciones navideñas.

LUCES

- Compruebe si las luces tienen defectos.
- Los enchufes no deben estar rajados o rotos. Asegúrese de que las puntas estén fuertes y de que no se doblen o rompan cuando se enchufen.
- Asegúrese de que las conexiones no tengan alambres descubiertos donde el plástico insulante se haya gastado o cortado.
- Antes de decorar, ponga las luces en una superficie que no sea inflamable y conéctela por 10-15 minutos.
- Fíjese si hay humo o secciones derretidas.

Si encuentra cualquiera de estos problemas no use estas luces. Cualquier juego que esté dañado debe ser arreglado o descartado.

☆U.S. GOVERNMENT PRINTING OFFICE: 1977-706-655/52 2-1

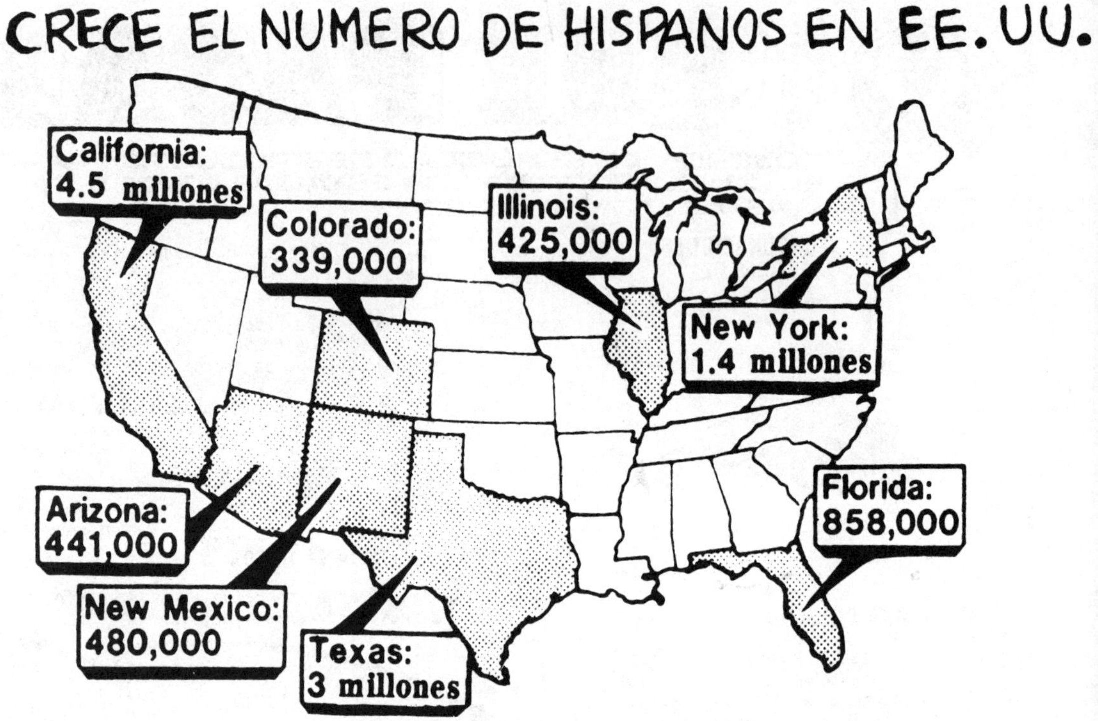

La tendencia a cursar estudios universitarios y a participar más y más en ocupaciones profesionales y administrativas continuará en la década de los ochenta. En la actualidad el 33,4 por ciento de los hombres hispanos entre las edades de 20 y 24 años tienen uno o más años de universidad. Esta proporción, hace seis años, era de 22 por ciento.

La tercera parte de la población hispana del condado de Dade, en la Florida, es oficinista. Casi la tercera parte de los hispanos que viven en Los Ángeles tienen casa propia.

Entre los hispanos del condado de Dade, el idioma preferido es, decididamente, el español (82,2 por ciento). Esta preferencia se ve también en lugares como Nueva York, San Antonio y Los Ángeles. La habilidad de comunicarse en inglés y en español es común entre los jóvenes hispanos.

Estados Unidos ocupa el quinto lugar entre las naciones con ciudadanos de habla hispana. Los estados de las regiones del sudoeste y del Pacífico representan el 58 por ciento del total de la población hispana en los Estados Unidos.

El 81 por ciento de la población hispana de los Estados Unidos está concentrada en nueve estados: Arizona, California, Colorado, Florida, Illinois, Nueva Jersey, Nuevo México, Nueva York y Tejas. De todos ellos, California tiene la mayor población hispana, seguido de Tejas, Nueva York y la Florida. Estos tres últimos, combinados, tienen el 71 por ciento de la población hispana. El estado más «hispano» es Nuevo México, pues el 45 por ciento de su población pertenece a este grupo. Los estados en donde hay menos hispanos son Dakota del Norte y Tennessee.

La fuente de información para este artículo es *Ed. Delgado Advertising and Public Relations Press Release* (San Juan, Puerto Rico)

Comente usted...

1. ¿Cuánto ha aumentado la población hispana durante la década de los setenta?
2. ¿Qué cantidad de hispanos se calcula que habrá para el año 2000?
3. ¿Cuáles son las lenguas occidentales que más se hablan y qué lugar ocupa el español?
4. ¿Cuáles son los factores que contribuyen al rápido crecimiento de la población hispana?
5. ¿Qué diferencia hay entre el promedio de ingresos de los hispanos que viven en los Estados Unidos y los de otros países?

6. ¿Qué sabe usted en relación con la educación de los hispanos en los Estados Unidos?
7. ¿Qué tipo de ocupación tiene gran parte de la población hispana del condado de Dade?
8. En cuanto al número de ciudadanos de habla hispana, ¿qué lugar ocupa Estados Unidos en el mundo?
9. ¿En qué estados está concentrada la población hispana?
10. ¿Por qué se considera a Nuevo México el estado «más hispano»?

Los hispanoparlantes en los EE. UU. (Adaptado)

En busca de un lugar bajo el sol de Norteamérica

DE WÁSHINGTON: En años recientes, la población de origen latinoamericano de los Estados Unidos ha tenido dos sueños perdurables:

1. La seguridad económica, creciente aspiración de millones de residentes latinoamericanos, ya sean ilegales procedentes del México rural o puertorriqueños de los barrios pobres de Nueva York. Para lograr esa seguridad, contaban con que se mantendrían los programas de bienestar social, esenciales para la transición de muchos recién llegados a la autosuficiencia.

2. La creación de una gran sociedad latino-norteamericana, compuesta de la vitalidad de los chicanos (mexicano-norteamericanos), de la experiencia bicultural de los puertorriqueños, del espíritu de empresa de los cubano-norteamericanos y de las distintas fuerzas aportadas por los inmigrantes sur y centroamericanos, era la aspiración de los diferentes grupos de habla hispana.

Los nuevos enfoques

Los sueños están ahora en dificultades y conflictos debido a la política de austeridad del gobierno del presidente Reagan que hará que muchos programas específicos se liquiden o reduzcan, incluyendo los beneficios por desempleo, las estampillas para el alimento a los pobres, el adiestramiento vocacional, y una variedad de programas de acción para ayudar a los ciudadanos pobres y no especializados a alcanzar un nivel económico igual al resto de la población. La abolición de estos programas puede perjudicar a muchos latino-norteamericanos.

Por supuesto, no todos los latino-norteamericanos dependen para su bienestar de los programas gubernamentales. Y hay infinidad de ejemplos de norteamericanos de origen latinoamericano que han alcanzado el éxito. Desde el fallecido Roberto Clemente de Puerto Rico, hasta Fernando Valenzuela, el sensacional lanzador mexicano de los Dodgers de Los Angeles, los latinoamericanos han sobresalido en la mayoría de los deportes.

Los latino-norteamericanos están ganando también una sólida reputación en las artes, particularmente los pintores. Entre los actores, José Ferrer y Erik Estrada están entre los favoritos del cine y la televisión. Incluso en idioma español, están llamando la atención novelistas y dramaturgos latinoamericanos. Los chicanos han producido una serie de obras teatrales, poemas y novelas que reflejan las dificultades de ser un descendiente de mexicano que vive en los Estados Unidos. Muchos escritores se concentran en el tema de una nueva sociedad, ni mexicana ni norteamericana, que será creada por el pueblo de dos mundos. Otro campo donde se distinguen los latino-norteamericanos es el de la educación.

Los pochos

Contrariamente a la creencia de que la mayoría de los chicanos y puertorriqueños que viven en los Estados Unidos hablan español, lo cierto es que muchos utilizan esa

amalgama de español e inglés, que es conocida por los nombres de «pocho», «caló» o «spanglish» (hispaninglés).

La conservación del pocho o spanglish alimenta el sueño de una gran cultura latino-norteamericana, pero en realidad limita las oportunidades económicas de esta parte de la población. Esta dicotomía explica, en parte, la escasa representación en puestos electivos que tiene la comunidad latino-norteamericana, aunque ahora se ha incorporado lentamente al proceso político.

Inmigración latinoamericana

En la década de 1960, se inició una gran inmigración de latinoamericanos desde México, Cuba y las naciones sur y centroamericanas más cercanas. Las olas humanas anteriores procedieron de Europa y algunas de Asia. De 1820 a 1964, más del 80 por ciento de los recién llegados provenían de Europa, pero se calcula que de 1970 a 1975, el 40 por ciento de los inmigrantes eran latinoamericanos. Hoy en día hay 12 millones de residentes legales latinonorteamericanos y tal vez ocho millones más de ilegales.

REQUISITOS PARA
LA
NATURALIZACION
E
INFORMACION
GENERAL

DEPARTMENT OF JUSTICE
QUI PRO DOMINA JUSTITIA SEQUITUR
IMMIGRATION & NATURALIZATION SERVICE

DEPARTAMENTO DE JUSTICIA DE LOS ESTADOS UNIDOS

Servicio de Inmigración y Naturalización

Juventud y explosión demográfica

La población latino-norteamericana, al igual que la de México y América Central, es joven, especialmente comparada con el promedio norteamericano. Cuando se realizó el último censo, su edad media era de 22 años, contra 30 de la población no latinoamericana. Entre los grupos de ascendencia latinoamericana, los puertorriqueños son los más jóvenes, con una edad media de unos 20 años, y los cubanos los más viejos, con una edad media de unos 36 años.

La explosión demográfica y la inmigración ilegal de latinoamericanos francamente preocupa a los conservadores. Los Estados Unidos tienen un problema de población, pues la natalidad va en aumento y también la inmigración, tanto legal como ilegal. De acuerdo con cálculos conservadores, el aumento de nuestra población en los últimos cinco años ha sido de 15 millones de personas.

Menores oportunidades

La población latino-norteamericana se enfrenta con el problema de tener menos oportunidades de mejorar su nivel económico. Su falta de preparación adecuada a la sociedad decididamente tecnológica de los Estados Unidos, los coloca en inferioridad de condiciones, privándolos así de obtener el ingreso, poder y satisfacción de que puede disfrutar el resto de la población. En términos de educación, la población de origen latinoamericano se encuentra muy rezagada con respecto a los demás habitantes. Según el censo de 1979, escasamente el 42 por ciento de los latino-norteamericanos de 25 años o más han completado sus estudios secundarios, comparado con el 69 por ciento que sí los terminaron entre el resto de la población. Y los no latino-norteamericanos que han obtenido un título universitario duplican en número a los latino-norteamericanos.

Naturalmente, los logros° educacionales difieren entre las diferentes comunidades de origen latinoamericano. Cincuenta por ciento de los cubanos de 25 años o más han completado sus estudios secundarios, comparado con el 39 por ciento de los puertorriqueños y el 35 por ciento de los chicanos. Y, por supuesto, los extranjeros ilegales tienen un nivel de educación más bajo.

achievements

La barrera del idioma

Un estudiante cuya familia habla español o hispaninglés en el hogar tiene menos posibilidades de terminar sus estudios secundarios que otro sin ningún antecedente idiomático que no sea el inglés. El deseo de aprender inglés es decisivo para obtener una buena educación que conduzca a un buen empleo.

Entre los cubanos, la mayoría habla español en el hogar — 96 por ciento — pero los padres cubanos exigen que sus hijos se desempeñen con éxito° en las escuelas donde se habla inglés. Para los chicanos y puertorriqueños, en parte por la proximidad de su tierra natal en donde el idioma es el español, no es tan importante aprender el inglés. A diferencia de los inmigrantes europeos, los chicanos y puertorriqueños pueden visitar, y en la práctica visitan, su lugar de origen. Se pierde, entonces, el sentido de cruzar un puente cultural.

se... do well

Una investigación hecha por *The New York Times* muestra que, mientras más cerca viva un hombre de su lugar de origen, menos probable es que se identifique con la comunidad norteamericana.

A pesar de todos estos problemas, millones de latinonorteamericanos de talento continúan luchando por un lugar bajo el sol de los Estados Unidos, porque quieren que sus familias gocen de seguridad económica.

De la revista *Visión* (México, D.F.)

Comente usted...

1. ¿Cuáles han sido los dos sueños perdurables de la población latina en los Estados Unidos?
2. ¿Cómo quieren crear una sociedad latino-norteamericana?
3. ¿Por qué están ahora en dificultades los sueños de los hispanoparlantes?
4. ¿A quiénes va a perjudicar la política de austeridad del gobierno del presidente Reagan, según el artículo?
5. ¿Puede usted dar algunos ejemplos de norteamericanos de origen hispano que han tenido éxito?
6. ¿Qué es el «pocho» o el «spanglish» y qué sueño alimenta?
7. ¿De dónde procede la inmigración de los Estados Unidos?
8. ¿Cómo es la población latino-norteamericana?
9. ¿Cuál es el problema que tiene hoy en día Estados Unidos y por qué?

PROMETEO at Lincoln Center

Tres breves obras en un acto de:
Carlos Alberto Montaner
Guillermo Cabrera Infante
Alberto Guigou

Director: Francisco Morín.

Sábado, agosto 30 a las 9 P.M.
Domingo, agosto 31, a las 9 P.M.
Lunes, Septiembre 1, a las 8 P.M.

167 Amsterdam Avenue, New York,

10. ¿Con qué problema se enfrenta la población latino-norteamericana y cuáles son las razones de este problema?
11. ¿Cómo difieren los logros educacionales entre las diferentes comunidades de origen latinoamericano?
12. ¿Qué problemas causa la «barrera del idioma»?
13. ¿Qué diferencias hay entre un cubano y un puertorriqueño en el aprendizaje del inglés?
14. ¿Qué muestra la investigación hecha por el *New York Times*?
15. ¿Por qué siguen luchando los latino-norteamericanos?

Desde su mundo

1. ¿Hay muchas personas de ascendencia hispana en la ciudad donde usted vive?
2. ¿Cuál es el origen de su familia?
3. ¿Qué por ciento de los estudiantes de su clase son de origen hispano?
4. ¿Tienen sus padres casa propia? (¿Dónde?)
5. ¿Dónde está usted cursando estudios universitarios?
6. ¿Es usted recién llegado(a) a la ciudad donde vive?
7. ¿Se ha visto usted afectado(a) en algún aspecto por la política del actual gobierno?
8. ¿Ha leído usted alguna obra teatral, algún poema, etc., que presente los problemas de los hispanos en los Estados Unidos? Dé el (los) nombre(s).
9. ¿Qué oportunidades tiene usted de mejorar su nivel económico?
10. ¿Estudia usted porque usted lo desea o porque sus padres se lo exigen?

VOCABULARIO

NOMBRES

el **adiestramiento** training
el **bienestar** welfare
el (la) **ciudadano(a)** citizen
el **condado** county
el **dramaturgo** playwright
el **enfoque** focus
el **ingreso** income, revenue
la **juventud** youth
el **lanzador** pitcher
la **natalidad** birth
la **obra teatral** play
el (la) **oficinista** white collar (office) worker
la **ola** wave
la **proporción** ratio
el **puente** bridge

VERBOS

alimentar to feed
aportar to contribute
calcular to figure
duplicar to double
exigir to demand
mejorar to improve
perjudicar to hurt, to cause damage
privar to deprive

ADJETIVOS

creciente growing
fallecido(a) deceased
medio(a) average
natal native
occidental Western
perdurable lasting
rezagado(a) behind, backward

OTRAS PALABRAS Y EXPRESIONES

cursar estudios universitarios to attend the university
de acuerdo con according to
el hecho de que... the fact that...
en busca de in search of
recién llegado(a) newcomer
tener casa propia to own a home

Palabras y más palabras

Las palabras que aparecen en las selecciones... ¿forman ya parte de su vocabulario? ¡Vamos a ver!

Dé el equivalente de lo siguiente.

1. persona que escribe obras teatrales
2. opuesto de *vejez*
3. dar alimento
4. persona que lanza la pelota en un partido de béisbol
5. estudiar en la universidad
6. dinero que se recibe
7. opuesto de *oriental*
8. que dura para siempre
9. muerto
10. hacer daño
11. preparación para un trabajo
12. persona que trabaja en una oficina

13. estructura que sirve para cruzar un río, una carretera, etc.
14. persona que acaba de llegar
15. movimiento del agua
16. contribuir
17. ordenar, reclamar
18. nativo *(adj.)*
19. ser dueño(a) de una casa
20. que no progresa
21. que está aumentando
22. opuesto de *empeorar*
23. según
24. quitar, prohibir
25. miembro de un estado o nación por nacimiento o naturalización

EXPANSIÓN DE VOCABULARIO (Actividad opcional)

NOMBRE	VERBO	ADJETIVO
abolición	abolir	abolido
adiestramiento	adiestrar	adiestrado
aspiración	aspirar	aspirado
contribución	contribuir	contribuido
creación	crear	creativo
enfoque	enfocar	enfocado
estudio	estudiar	estudioso
fallecimiento	fallecer	fallecido
límite	limitar	limitado
procedencia	proceder	procedente

¿Cuánto vocabulario nuevo ha aprendido usted?

Complete lo siguiente, usando palabras de la lista, según corresponda.

1. No sé de dónde procede. ¿Cuál es su ____ ?
2. Estudia muchísimo. Es muy ____ .
3. Lincoln luchó por la ____ de la esclavitud.
4. Es un artista muy ____ . Ha creado obras magníficas.
5. Su mayor ____ es contribuir al bienestar de la humanidad.
6. Van a limitar las becas, de modo que el número de estudiantes nuevos va a ser muy ____ también.
7. Él había fallecido en febrero, pero yo recién supe de su ____ ayer.
8. Debemos adiestrarlos mejor. No tienen el ____ adecuado para realizar esa empresa.
9. No me gusta cómo han enfocado el problema. Es un ____ muy limitado.
10. La ____ de la nueva ola de inmigrantes a nuestra cultura es muy importante.

Actividades especiales

A. De acuerdo con los artículos leídos, dé información sobre lo siguiente.

1. El estado de Nuevo México...
2. En el condado de Dade...
3. El idioma español...
4. En general, las familias hispanas...
5. Los estados del sudoeste y del Pacífico...
6. De todos los estados, California...
7. Dakota del Norte y Tennessee son...
8. Tejas, Nueva York y la Florida...
9. Debido a la política de austeridad del actual gobierno...
10. El español que hablan muchos chicanos y puertorriqueños es...
11. En la década de 1960...
12. La población latino-norteamericana tiene menos oportunidades debido al hecho de que...

B. La clase se dividirá en tres grupos. Cada grupo estudiará una de estas minorías: los méxico-americanos, los cubanos y los puertorriqueños. Señalen lo siguiente: áreas de concentración, educación, grado de aculturación, oportunidades de trabajo, aportaciones, problemas, etc. Cada grupo presentará un informe oral para el resto de la clase. Se sugiere que usen un mapa de los Estados Unidos para indicar dónde se concentra cada minoría.

Composición

Escriba una composición sobre las ventajas y desventajas de la inmigración de acuerdo a los siguientes pasos.

1. Introducción
   Principales grupos que han inmigrado a los Estados Unidos en busca de mejores oportunidades
2. Desarrollo
   a. Aportes de las primeras olas de inmigrantes (italianos, judíos, irlandeses, etc.) y problemas que enfrentaron
   b. Las nuevas inmigraciones: aportes (culturales, económicos, etc.) y problemas que causan y enfrentan
   c. Los inmigrantes ilegales
3. Conclusión
   Posibles soluciones a los problemas de la inmigración

UNA ADIVINANZA

«Una vieja, con un diente,
que llama a toda la gente...»
¿Qué es?

—Es fantástico lo bien que se ha adaptado...

Una campana

9
Los deportes

La masa arrolla:° el tenis se convierte en un deporte de multitudes (Adaptado)

sweeps

No cabe duda de que el tenis es un deporte que arrastra° multitudes. Y precisamente, lo interesante y digno de comentar es que este deporte fue hasta hace no demasiado tiempo uno de los más selectos. Las canchas de tenis eran un símbolo de prestigio, porque jugar al tenis era una práctica deportiva de minorías.

attracts

Sin embargo, quien observa ahora los estadios atestados° compitiendo, en materia de multitudes, con los de béisbol y fútbol, se da cuenta de que esta «exclusividad» del juego de las raquetas y la agilidad ha pasado a la historia.

crowded

Un buen set hace saltar a las personas en las tribunas,° y un mal juego arranca° «buuus» en el más crudo estilo popular. Es que, estableciendo comparaciones, ¿no sucedió lo mismo con las carreras de caballos, que a principio de siglo eran llamadas «el deporte de los reyes»? Y, sin embargo, esto es también historia, pues las carreras son en la actualidad y en todo el mundo un deporte popular.

stands
brings out

Hace algún tiempo, un torneo de tenis no era un codiciado° espectáculo para la televisión, pero hoy lo es y cuando se enfrentan figuras como Borg y McEnroe, la teleaudiencia se sitúa invariablemente frente a las pantallas. Asimismo,° las estrellas del tenis no pertenecen a mundos exclusivos, ni gozan ya de vidas privadas. Por el contrario, comparten la fama con los actores y actrices, y la prensa sigue todos sus pasos.

coveted
likewise

La popularidad de los tenistas tiene como consecuencia directa la emulación, pues los jovencitos ven el partido, admiran la flexibilidad, agilidad y fama de los jugadores, y aún niños compran su primera raqueta.

De la revista *Réplica* (Miami)

✱

Comente usted...

1. ¿Qué cambios han ocurrido con respecto al tenis?
2. ¿Con qué otros deportes compite en popularidad el tenis?
3. ¿A qué deporte se le llamaba «el deporte de los reyes» y qué ha pasado ahora con él?
4. ¿Qué sucede cuando juegan dos tenistas famosos?
5. ¿Cuál es una consecuencia de la popularidad de los tenistas?

El famoso tenista argentino Guillermo Vilas, durante un torneo internacional en París.

Maribel Atienza, una chica torera (Adaptado)

La sensacional Maribel Atienza se ha convertido en el ídolo de los fanáticos de las corridas de toros en la patria° de la «fiesta brava», España. Quien la ve después de terminar la corrida, no cree que se trate de la misma intrépida mujer que encara° los feroces toros, cada domingo en la tarde, en medio° de las exclamaciones de fervor fanático de miles de madrileños.

homeland
faces
amidst

Como todo buen torero, Maribel es supersticiosa y le gustan los amuletos; su amuleto es una muñeca negra que, según la valiente muchacha, nunca se separa de ella porque le trae buena suerte. En una ocasión le dieron tres orejas después de otras tantas corridas exitosas y ella ha tomado la costumbre de llevarlas a donde quiera que va. Desde luego, las orejas han sido disecadas y no hay peligro de contaminación.

Cuando le preguntan sobre su vida en las «arenas» ella dice que en varias ocasiones ha sido derribada° por toros furiosos, pero que nunca la han herido. Maribel, como todos los triunfadores, tiene sus críticos que tratan de rebajar° sus méritos, afirmando que torea como los «matadores» viejos casi retirados. Otros dicen que ella nunca torea toros grandes, conformándose con toritos.

knocked-down
lessen

Maribel ha declarado públicamente que si encuentra el hombre soñado dejará de torear para encargarse de su esposo e hijos. Cuando le preguntan sobre sus ganancias en la arena, Maribel contesta simplemente «nosotros los toreros no somos tan ricos como la gente imagina». Se dice

Plaza Toros de VALENCIA

Empresa: N. P. T. de Madrid, S. A. Representante: Alberto Alonso

FERIA DE JULIO DE 1979

NUEVE Grandiosas CORRIDAS DE TOROS, de Abono

en los días 22, 23, 24, 25, 26, 27, 28, 29 y 30 de Julio

CON ABONO EXTRAORDINARIO AL CONTADO O A PLAZOS

Jueves día 22. SEIS TOROS
de la ganadería de Benítez Cubero
de Sevilla. - Matadores:
RICARDO DE FABRA
DAMASO GONZALEZ
y PACO ALCALDE

Viernes día 23. SEIS TOROS
de la ganadería de D. Salvador Gavira Sánchez
de Cádiz. - Matadores:
ANGEL TERUEL
José María MANZANARES
y NIÑO DE LA CAPEA

Sábado día 24. SEIS TOROS
de la ganadería de "EL TORERO"
de Jerez de la Frontera. - Matadores:
Francisco RUIZ MIGUEL
ANTONIO JOSE GALAN
y PACO ALCALDE

DOMINGO día 25. DOS TOROS
por los caballeros rejoneadores
D. Antonio I. VARGAS y D. JOAO MOURA
y SEIS TOROS, de la ganadería de
D. FERMIN BOHORQUEZ
de Jerez de la Frontera. - Matadores:
RICARDO DE FABRA
SANTIAGO LOPEZ y JULIAN GARCIA

Lunes día 26. SEIS TOROS
de la ganadería de D. José Murube
de Sevilla. - Matadores:
Santiago Martín EL VITI
Sebastián PALOMO LINARES
y NIÑO DE LA CAPEA

Martes día 27. SEIS TOROS
de la ganadería de D. Juan Pedro Domecq
de Jerez de la Frontera. - Matadores:
PACO CAMINO
Santiago Martín EL VITI
y Francisco Rivera PAQUIRRI

Miércoles día 28. SEIS TOROS
de la ganadería de D. Baltasar Ibán
de Madrid. - Matadores:
PACO CAMINO
ANGEL TERUEL
y José María MANZANARES

Jueves día 29. SEIS TOROS
de la ganadería de PABLO ROMERO
de Sevilla. - Matadores:
Francisco Rivera PAQUIRRI
SANTIAGO LOPEZ
y DAMASO GONZALEZ

Viernes día 30. SEIS TOROS
de la ganadería de D. EDUARDO MIURA
de Sevilla. - Matadores:
Sebastián PALOMO LINARES
Francisco RUIZ MIGUEL
y JULIAN GARCIA

que la mayor ganancia de la bella torera es de 3.750 dólares por corrida y la verdad es que para jugarse la vida eso no es mucho. Además, de esa cantidad ella debe pagarse todos los gastos de alojamiento y viajes, así como los sueldos del personal que la acompaña en las corridas, como los banderilleros y picadores.

Maribel es la primera mujer que en 40 años se enfrenta a los toros en una arena de Madrid y su triunfo ha sido sensacional. Se da el caso, sin precedentes, que tuvo que torear dos domingos seguidos,° porque el público así lo demandó. Maribel es la primera mujer que torea en España porque antes se les había prohibido a las mujeres torear. Sin duda, muchas otras seguirán su ejemplo, pero Maribel tendrá la gloria de haber abierto el camino del sexo débil en la «Fiesta Brava».

seguidos in a row

De la revista *Réplica* (Miami)

Comente usted...

1. ¿Por qué podemos decir que Maribel Atienza es supersticiosa?
2. ¿Qué dicen algunos críticos sobre Maribel?
3. ¿Es rica Maribel?
4. ¿Cuándo planea Maribel dejar de torear?
5. ¿Cuál es la importancia de Maribel?

Ley represiva de delitos contra el deporte (Adaptado)

Es necesario crear una ley represiva de los delitos contra el deporte para protegerlo legalmente contra sus numerosos y temibles° enemigos.

temibles dreadful

Las continuas denuncias de irregularidades y corrupción en el desarrollo de las actividades deportivas perturban el orden público y adquieren grandes proyecciones de escándalo al reflejarse en la prensa diaria y en las revistas deportivas.

Esta situación se repite periódicamente y hasta hoy no se ha encontrado una solución efectiva que resuelva estas irregularidades y corrupciones que atentan contra la institución deportiva.

Por lo general las diferentes organizaciones deportivas tienen un organismo interno encargado de corregir disciplinariamente toda desviación de la conducta deportiva, pero esto no ha resuelto el problema porque para las personas que cometen este tipo de delito nada puede significar la amenaza de correcciones disciplinarias, puramente deportivas o morales.

Lo malo es que esos individuos encuentran muchas veces un fácil campo de acción en algunos jugadores y en ciertos dirigentes que, aunque reducidos en su número, causan un enorme daño al deporte, al despertar la desconfianza pública sobre la legalidad de las competiciones deportivas.

Para ilustrar este tema de la corrupción en el deporte, nada mejor que transcribir y analizar algunos casos:

1. Intercambio de un beneficio económico por una ventaja de carácter deportivo.
2. Quebrantamiento° de la ética deportiva, originada por factores como la amistad y el amor. — the violation
3. Animosidad y rivalidad deportiva que influencia el resultado de algunas contiendas° deportivas. — events
4. La vanidad y la venalidad en el deporte.
5. El soborno y la gloria deportiva. La vanidad de triunfar en la elección interna de un club que por lo general se refleja en el resultado irregular de algunas competencias.

En la mayoría de los casos, es probable que el deportista actúe como agente pasivo de la corrupción y sólo pase a ser autor o partícipe cuando acepta un soborno o cuando consiente en tomar drogas o estimulantes.

Dada la importancia que en este momento tiene el Deporte como manifestación de una actividad colectiva, el Estado tiene la obligación de dictar leyes protectoras, reglamentarias de las actividades deportivas y también normas° represivas para quienes las violen. — rules

De la revista *Arco* (Bogotá)

Comente usted...

1. ¿Por qué es necesario proteger legalmente el deporte?
2. ¿Por qué no son efectivas las correcciones disciplinarias en los delitos deportivos?
3. ¿Por qué ocasionan los delitos de tipo deportivo daños enormes al deporte?
4. De los casos de corrupción citados en el artículo, ¿cuáles considera Ud. más serios?
5. ¿Cuándo es el deportista autor del delito deportivo?
6. ¿Qué debe hacer el estado para evitar la corrupción deportiva?

Una entrevista exclusiva con «Pelé», el rey del fútbol (Adaptado)

En el aeropuerto de Río de Janeiro, Edson Arantes do Nascemento, más conocido como «Pelé», hizo la escala° número «diez mil» de su agitada vida deportiva y ejecutiva, en viaje a Sao Paulo. Mientras el «Rey» y su hijo esperaban el nuevo vuelo tuvimos este diálogo informal, pero de gran interés.

stopover

—*¿Qué hace Pelé actualmente?*

—Tengo un contrato con la empresa Warner's Communications de Nueva York, la que dirige el clube Cosmos y soy algo así como un asesor° de relaciones públicas... No he abandonado el fútbol ni el Cosmos. Por otra parte, participo en diferentes negocios y últimamente empecé a hacer cine.

adviser

Hoy en día sigo entrenándome, no para jugar al fútbol, sino para mantenerme en la forma atlética más adecuada frente a tantas responsabilidades. Pero la verdad es que si antes eran mis piernas las que debían estar en perfectas condiciones, ahora es mi cabeza.

—*¿Sigue pateando° alguna pelota?*

kicking

—A nivel profesional, en partidos «serios», no, pero a nivel de amigos siempre estoy dispuesto° a jugar un partidito... Sigo en contacto con la pelota en una tarea muy delicada: enseñar el fútbol a miles de niños norteamericanos.

willing

En visitas a universidades, en escuelas, en centros educativos de todo tipo, asisto como invitado especial para «enseñar» los lineamientos del fútbol o del *«soccer»* como

El público brasileño lleva en hombros a Pelé, quien acaba de marcar su gol número 1.000.

lo llaman en Estados Unidos. Uno de mis trabajos con la empresa que dirige al Cosmos es precisamente éste: inculcar la mentalidad del fútbol, el grito de «gol», en todos los norteamericanos.

—*¿Lo han logrado?*

—En gran parte sí. En los últimos tres años han ido a los partidos de liga más espectadores que en todos los últimos 50 años. El interés por el fútbol se ha despertado en millones de ciudadanos norteamericanos gracias a varios factores: la presencia de «estrellas» del fútbol contratadas por equipos locales, una intensa y extensa campaña publicitaria, la modernización de los estadios y los partidos internacionales... También México, que desde hace años es el monarca del fútbol norteamericano y centroamericano, tiene mucho de responsabilidad en el impulso del fútbol en los Estados Unidos.

No sólo en ese país ha alcanzado el fútbol gran popularidad. Otras naciones que hace pocos años no conocían el juego han evidenciado progresos extraordinarios.

Cuando jugaba para el Santos de Brasil viajábamos a Asia o África y ganábamos siempre. En la China, por ejemplo, los jugadores chinos tomaban la pelota con la mano y se confundían con el clásico fútbol americano. Los estadios estaban vacíos o se llenaban con entrada gratis o un presidente les ordenaba a sus ciudadanos asistir a los partidos en forma obligatoria para aplaudir a los extranjeros y a «Pelé»...

Cuando hace poco, en mis últimos partidos profesionales, regresé a las mismas regiones con el Cosmos de Nueva York me llevé la sorpresa más grande de mi vida: ¡de ocho partidos jugados apenas pudimos ganar uno!

—*¿Cree usted que Estados Unidos va a poder alcanzar un gran nivel internacional?*

—Estoy seguro de que en menos de diez años Estados Unidos se va a convertir en una de las potencias del fútbol mundial... para eso se ha estado trabajando. En este momento hay muchos jugadores extranjeros, pero gracias a ellos los estadounidenses han aprendido las bases del juego, y hoy en día existen excelentes jugadores locales.

—*Volviendo a usted... ¿me dijo que estaba haciendo cine?*

—El cine es mi segundo amor, después del fútbol. He participado en muchas películas pero en la última que filmé logré mi máxima actuación.

Los altavoces anuncian la partida del vuelo de Pelé y así se termina el diálogo con un hombre que sigue siendo el Rey del fútbol, aunque ya no se griten sus goles ni se aplaudan sus extraordinarias jugadas.

De la revista *Impacto* (México, D.F.)

LIGA TUCUMANA DE FUTBOL

Campeonato Anual - Novena Fecha

Central Norte v. Atlético Tucumán
San Pablo v. Bella Vista
Jorge Newbery v. Concepción BRS
Providencia v. Tucumán Central
Juan M. Terán v. Concepción F.C.
Argentinos del Norte v. Ñuñorco
Almirante Brown v. Deportivo Aguilares
San Martín v. Sportivo Guzmán

Popular $10.000 — **Oficial $15.000**
Damas $5.000 — **Menores con seguro**

Comente usted...

1. ¿Cuál es el verdadero nombre del rey del fútbol y a qué se dedica ahora?
2. ¿Está Pelé alejado totalmente del fútbol hoy en día? ¿Por qué?
3. ¿Qué factores han ayudado a despertar en los americanos el interés por el fútbol?
4. ¿Qué ejemplo da Pelé para demostrar la popularidad alcanzada por el fútbol?
5. ¿Qué opinión tiene Pelé sobre el fútbol en los Estados Unidos?
6. Además del fútbol, ¿qué otro interés importante hay en la vida de Pelé?

Desde su mundo

1. ¿Practica Ud. algún deporte? ¿Cuál?
2. ¿Cuáles son los deportes más populares entre los norteamericanos?
3. ¿Quiénes son los tenistas norteamericanos más famosos?
4. Cuándo Ud. era niño(a), ¿a qué figuras del deporte admiraba más?
5. ¿Qué piensa Ud. de las corridas de toros?
6. ¿Cree Ud. que los deportistas son realmente tan ricos como dice la gente?
7. ¿En qué deporte cree Ud. que hay más corrupción?
8. ¿Qué correcciones disciplinarias impondría Ud. en casos de delitos contra el deporte?
9. ¿Cree Ud. que es una buena idea que el deporte forme parte de los programas educativos?
10. ¿Le gustaría a Ud. ser jugador profesional? ¿Por qué?

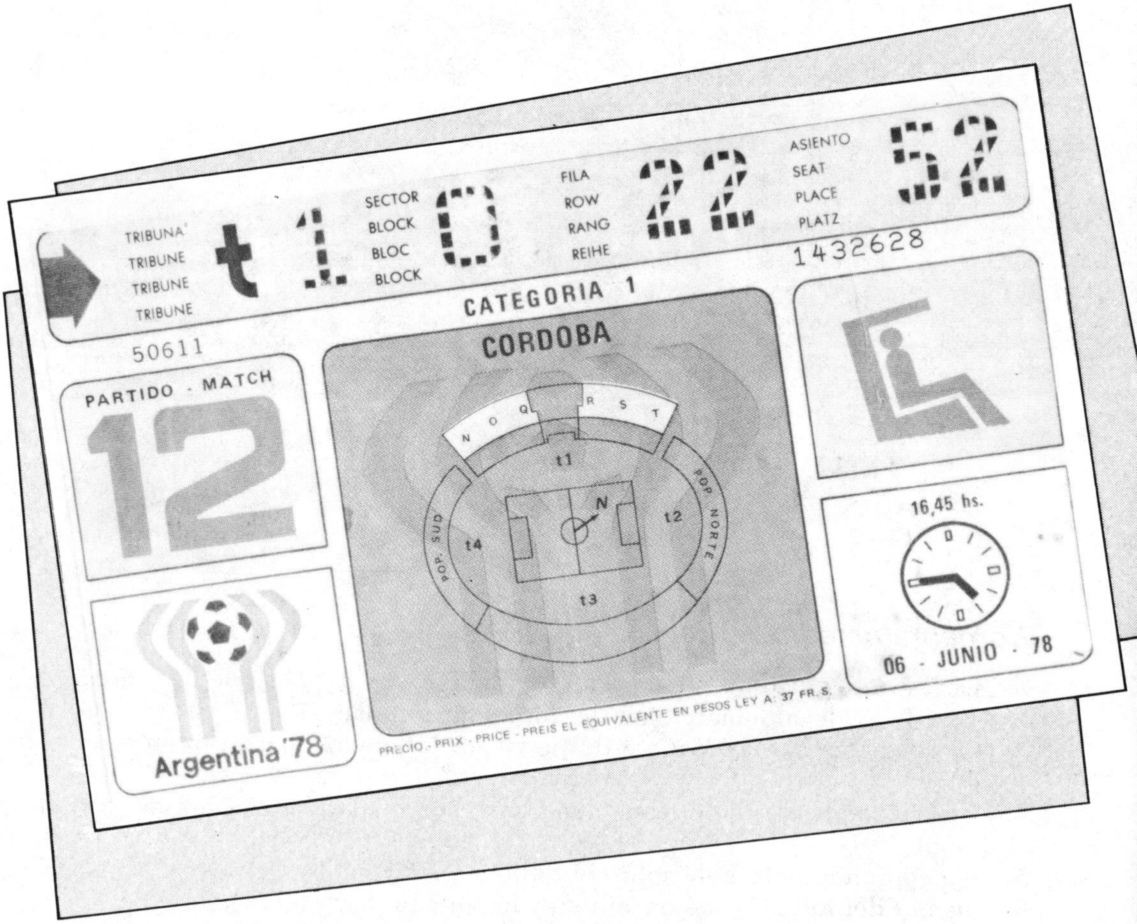

VOCABULARIO

NOMBRES

el **alojamiento** lodging
el **altavoz** loudspeaker
la **amenaza** threat
la **amistad** friendship
la **cancha** court *(i.e., tennis)*
la **carrera** race
el **daño** damage
el **delito** crime, fault
la **denuncia** accusation
la **desconfianza** distrust, mistrust
el (la) **dirigente** leader
la **estrella** star
las **ganancias** earnings
la **ley** law
la **muñeca** doll
la **partida** departure
el **paso** step
el **soborno** bribe
el **torneo** tournament
la **ventaja** advantage

VERBOS

compartir to share
convertirse (en) (e›ie) to become, to turn into
dirigir to manage
enfrentarse (con) to face
entrenar(se) to train
gritar to scream, to shout
saltar to jump

ADJETIVOS

débil weak
gratis free *(of charge)*
madrileño(a) native of Madrid
vacío(a) empty

OTRAS PALABRAS

a principio(s) (de) at the beginning (of)
jugarse (arriesgar) la vida to risk one's life
no cabe duda there is no doubt
sin embargo however, nevertheless

Palabras y más palabras

Las palabras que aparecen en las selecciones... ¿forman ya parte de su vocabulario? ¡Vamos a ver!

Dé las palabras equivalentes a lo siguiente.

1. relación entre amigos
2. dar un salto
3. acción de partir
4. dar entrenamiento

5. persona de Madrid
6. dar gritos
7. opuesto de *fuerte*
8. lo que se gana
9. que no cuesta dinero
10. lugar donde se juega al tenis
11. arriesgar la vida
12. transgresión de la ley
13. opuesto de *lleno*
14. persona que dirige
15. falta de confianza
16. nombre que corresponde al verbo alojar
17. no hay duda
18. a comienzos de
19. encuentro deportivo
20. nombre que corresponde al verbo amenazar
21. aparato para amplificar el sonido
22. a pesar de
23. repartir con otros lo que uno tiene
24. nombre que corresponde al verbo dañar
25. competencia para ver qué o quién es más rápido
26. posición favorable, superioridad
27. confrontar
28. llegar a ser
29. dinero que se da o se promete para inducir a alguien a hacer algo ilegal
30. tipo de juguete

EXPANSIÓN DE VOCABULARIO (Actividad opcional)

Alguinas palabras relacionadas con los deportes

el (la) **aficionado(a)** fan
el (la) **atleta** athlete
el **bate** bat
el **béisbol** baseball
el **campeonato** championship
la **carrera** race
 — de autos car race
 — de caballos horse race
el **esquí acuático** water ski
el **balompié** soccer
el **fútbol americano** football
la **gimnasia** gymnastics
el (la) **gimnasta** gymnast
el **guante de pelota** baseball mitt
el **hipódromo** race track
los **juegos olímpicos,** las **olimpiadas** olympic games
la **lucha libre** wrestling
el (la) **nadador(a)** swimmer
la **natación** swimming

¿Cuánto vocabulario nuevo ha aprendido usted?

Complete las siguientes oraciones según corresponda.

1. Para jugar al béisbol necesito un ____ y un ____ de pelota.
2. Vamos al ____ para ver las carreras de caballos.
3. En el lago podemos hacer esquí ____ .
4. El ____ americano no es igual que el balompié.
5. El gimnasta no pudo competir en los ____ .
6. No me gusta la natación porque no soy un buen ____ .
7. ¿Había muchos aficionados en la ____ de autos?
8. Japón ganó el ____ de ____ libre.
9. Tengo dos clases de educación física: una de natación y otra de ____ .
10. O. J. Simpson es un gran ____ norteamericano.

Actividades especiales

A. *Hábleme de usted...*

Termine las siguientes frases según su propia opinión o experiencia.

1. Para mí el tenis es un deporte que...
2. Para mí, un símbolo de prestigio es...
3. No cabe duda de que...
4. Para principios del próximo año, yo...
5. Yo creo que las carreras de caballos...
6. Una ventaja de ser deportista es...
7. Para mí, las corridas de toros...
8. Yo no temo enfrentarme con...
9. Por lo general, las organizaciones deportivas...
10. Yo creo que, para combatir la corrupción...
11. Yo sólo me jugaría la vida...
12. Yo me sitúo invariablemente frente a la pantalla, cuando...
13. Me gustaría compartir la fama con...
14. Durante estos últimos años, yo me he convertido en...
15. En mi carrera, me gustaría seguir los pasos de...
16. Yo creo que la corrupción deportiva es una amenaza para...

B. *La hora de los deportes*

La clase se dividirá en varios grupos. Cada grupo se encargará de preparar noticias sobre un deporte determinado. Después de preparadas las noticias, se las presentarán al resto de la clase. Esto se hará en forma de un programa de televisión. Deportes para comentar:

Grupo 1: Béisbol
Grupo 2: Fútbol
Grupo 3: Fútbol americano
Grupo 4: Tenis
Grupo 5: Baloncesto
Grupo 6: Boxeo
Grupo 7: Otras posibilidades

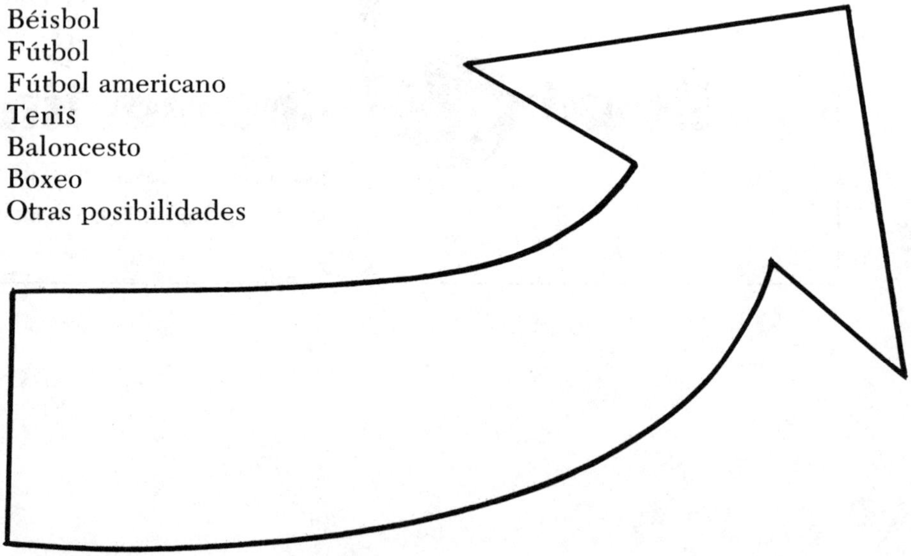

C. *Un rompecabezas*

En este cuadro hay quince palabras relacionadas con el deporte. ¿Puede Ud. encontrarlas en cualquier dirección?

C	L	U	C	H	A	L	I	B	R	E
O	A	F	I	C	I	O	N	A	D	O
R	I	N	A	T	A	C	I	O	N	O
R	S	L	C	B	A	T	E	S	E	R
I	A	I	A	H	K	T	O	N	Z	P
D	N	U	R	T	A	E	R	L	Q	A
A	M	Q	R	B	S	O	G	E	U	J
S	I	S	E	S	T	R	E	L	L	A
I	G	E	R	B	E	I	S	B	O	L
H	O	T	A	N	O	E	P	M	A	C
F	E	S	R	A	N	E	R	T	N	E

1. ____________
2. ____________
3. ____________
4. ____________
5. ____________
6. ____________
7. ____________
8. ____________
9. ____________
10. ____________
11. ____________
12. ____________
13. ____________
14. ____________
15. ____________

Composición

Imagínese que Ud. es periodista y tiene que hacer una entrevista para publicarla en la página deportiva de su periódico. Seleccione al deportista que considere más famoso y prepare una lista de las preguntas que Ud. le haría y posibles respuestas.

---

libre corridas carrera torneo cancha gimnasia bate esquí
aficionado natación estrella béisbol entrenar campeón juegos lucha

UNA ADIVINANZA

No tengo pies
y ando;
tengo manos
y no como.

—Es una carrera de debutantes.

El reloj

10

La violencia y el terrorismo

Geografía de la violencia (Adaptado)

Impera° una creciente violencia. Lo advierte la prensa internacional. No es sólo una forma de intimidación; parece ser, más bien, fórmula seudorrevolucionaria de la subversión desesperada. Utilizan la violencia tanto los extremistas de derecha como los de izquierda. Uno denuncia la del opositor, mientras silencia la propia. Lo señaló así el cardenal Ernesto Corripio Ahumada, al rogar por el pronto restablecimiento del Papa Juan Pablo II, herido hace poco por uno de los tantos emisarios de la tragedia. El cardenal Ahumada pidió que todos los hombres uniéramos nuestros esfuerzos para luchar contra la violencia que domina el mundo.

°reigns

Ya puede advertirse una especie de geografía de la violencia y del terror. Lo prueban los atentados sufridos por John Lennon, conocida figura de la música de los sesenta, por el presidente Ronald Reagan y por el Papa Juan Pablo II. Pero no es sólo en contra de los personajes. Hay otros ejemplos: masacres de la gente que busca libertad y cambios; violencia en contra de la población de numerosos países, como en Centroamérica. Hubo también una extensa variedad de intentos de secuestros en diversas partes de la Tierra.°

°world

CUMPLA CON LA LEY

Recuerde que Ud. deberá tener su luz de emergencia antes del 26-5-81. por Ordenanza Municipal N° 33701.
Hoteles - cines - teatros - clinicas - sanatorios - night club
boites - equipos especiales para audio y conmutadores
Hay un equipo Dis-Luz cualquiera sea su necesidad.
solicite un asesor al teléfono 51-8585. Su tranquilidad sera total.

Desde $ 99.500 + I.V.A.

DIS-LUZ

MONROE 3993 - (1430) - TEL.51-8585

Un terrorista turco acaba de disparar contra el Papa Juan Pablo II en la Plaza de San Pedro.

Para que podamos combatir el terrorismo, no bastan los castigos sino que se requiere del ejercicio de la voluntad colectiva. Es necesaria la convivencia pacífica entre las naciones y entre los pueblos, ya que el peligro comienza cuando alguien proclama la libertad de acabar con la libertad de los demás. La violencia continuará hasta que se reconozca que ningún pueblo ni nación debe imponerse frente a los demás ni tampoco apoyar descaradamente° los diversos tipos del terrorismo.

°descaradamente: without shame

De la revista *Novedades* (Ciudad de Panamá)

Comente usted...

1. ¿Quiénes utilizan la violencia y para qué?
2. ¿Qué pidió el cardenal Ahumada que hicieran todos los hombres?
3. Dé ejemplos de algunos actos de violencia que han ocurrido últimamente.
4. ¿Qué es necesario hacer para combatir el terrorismo?
5. Según el artículo, ¿cuándo terminará la violencia en el mundo?

El terrorismo derrama° el vaso

overflows

(Adaptado)

El brutal atentado contra el Papa Juan Pablo II parece haber derramado el vaso de la indignación y miedo en el mundo. Todos los días se sacrifican víctimas inocentes o supuestamente culpables, de este o aquel delito. Lo que causa más preocupación y espanto° es el ver cómo son jóvenes los que se encargan de hacer de verdugos° en nombre de esta o aquella justificación. Jóvenes convertidos en robots asesinos de este o aquel grupo, o simplemente, porque tienen necesidad de matar.

terror
executor

Se dice que el autor del atentado contra el Papa es un terrorista de derecha. Es lo mismo, los terroristas de izquierda cometen crímenes similares contra hombres, no tan prominentes, pero hombres con cuyo asesinato se quiere llamar también la atención.

El mundo entero se estremeció,° igualmente, por el atentado a la vida del presidente de los Estados Unidos, Ronald Reagan. En esta ocasión el terrorista quiso hacer alarde de valentía, ante una joven actriz. Violencia loca, personal, pero violencia al fin.

shuddered

Las bombas de Madrid y Barcelona son «obra de algún grupo palestino»

Los daños causados al edificio del «Bank of America» y a los almacenes «Sears»

No han Aclarado Oficialmente los Sucesos en que Perdieron la Vida Seis Guardias y 35 Terroristas

LIMA, Agosto 26 (EFE) — Los cadáveres ... se dio por muertos

Huanta.

la policía anunció la detenció

Rebeldes paralizaron trans

En Europa, grupos de derecha e izquierda cometen actos terroristas en un diabólico plan para provocar la violencia total. En nuestra América, la violencia represiva y revolucionaria se ejerce° en nombre de un supuesto orden para preservar la libertad, o de la libertad como base del orden. — is done

Ante° tanta violencia parece que el mundo entero se empieza a preguntar qué pasa, por qué sucede todo esto. Considero que es el momento de preguntarse por las raíces de la violencia, por las raíces del terrorismo de nuestros días. Algo pasa en estos jóvenes que se dedican a asesinar o se dejan matar. Algo de lo que son responsables todas las potencias,° todos los que hablan de la propia seguridad y el orden y la paz a costa de la seguridad de otros. No creo que haya algo más importante que el hombre; el hombre concreto, de carne y hueso, ya sea° éste el Papa Juan Pablo II, el presidente Reagan, los niños de Israel, las mujeres y niños palestinos; todos los hombres victimados en El Salvador, Guatemala y muchos otros lugares de nuestra América. La existencia de estos hombres debe ser preservada, pero no con nuevas violencias sino poniendo fin a la idea de que la existencia sólo se preserva con la violencia. Que ésta es la ley de la selva, la ley entre los animales.

faced with

powers

ya... be it

De la revista *Novedades* (Ciudad de Panamá)

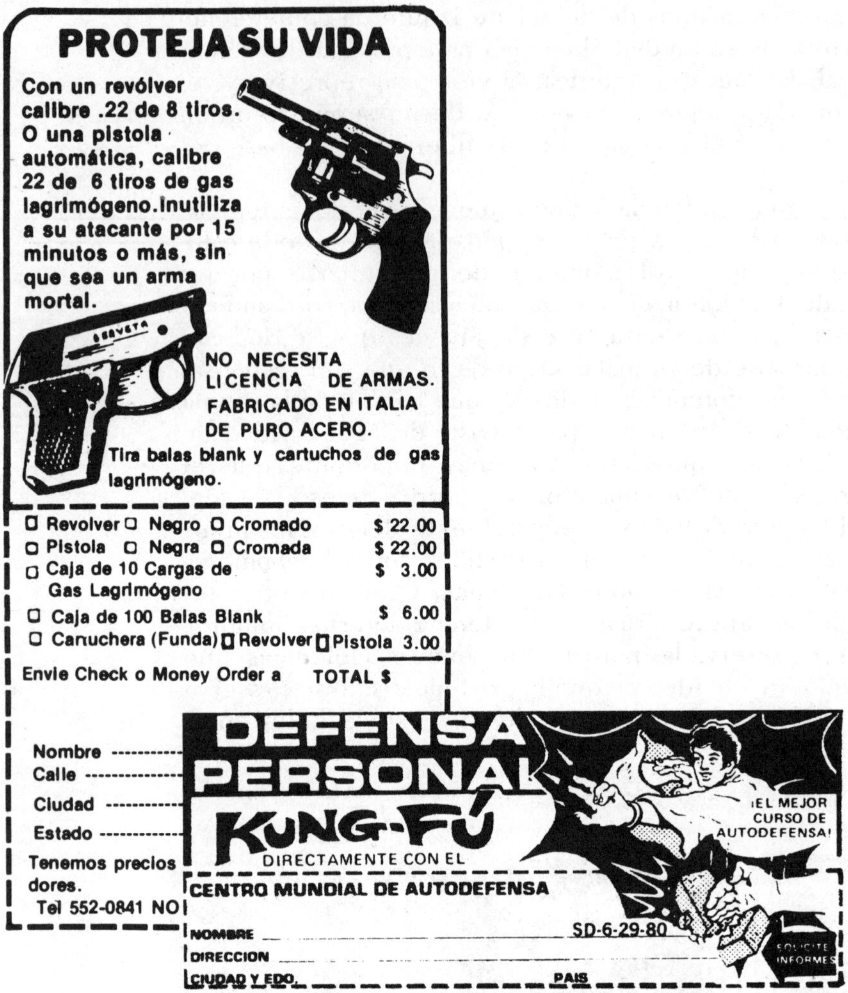

Comente usted...

1. ¿Qué características tienen los terroristas de hoy en día?
2. ¿Qué esperan lograr con la violencia los terroristas, tanto de izquierda como de derecha?
3. ¿Cuál fue la causa del atentado contra el presidente de los Estados Unidos?
4. ¿Qué se proponen en Europa los grupos terroristas?
5. Según el artículo, ¿cuáles son las causas que llevan a los jóvenes a la violencia?
6. Según el periodista, ¿cuál es la ley de la selva y por qué se opone a ella?

Los comandos extremistas

(Adaptado)

Al numeroso público que, a las 14:30[1] del 30 de diciembre, circulaba en las inmediaciones de la calle de Irarrazaval le fue difícil comprender qué ocurría. Un tiroteo intenso, gritos, y unos 20 individuos corriendo en distintas direcciones era todo lo visible. Después se sabría: en una acción coordinada al segundo, comandos extremistas asaltaron tres sucursales bancarias, mataron a dos carabineros y a un guardia, hirieron a otras tres personas y huyeron con unos cinco millones de pesos.

Era, literalmente, la culminación del año del terrorismo.

Un soldado vigila una calle de San Salvador, donde la gente vive en un clima de tensión.

[1]Las 14:30 equivale a las 2:30 de la tarde.

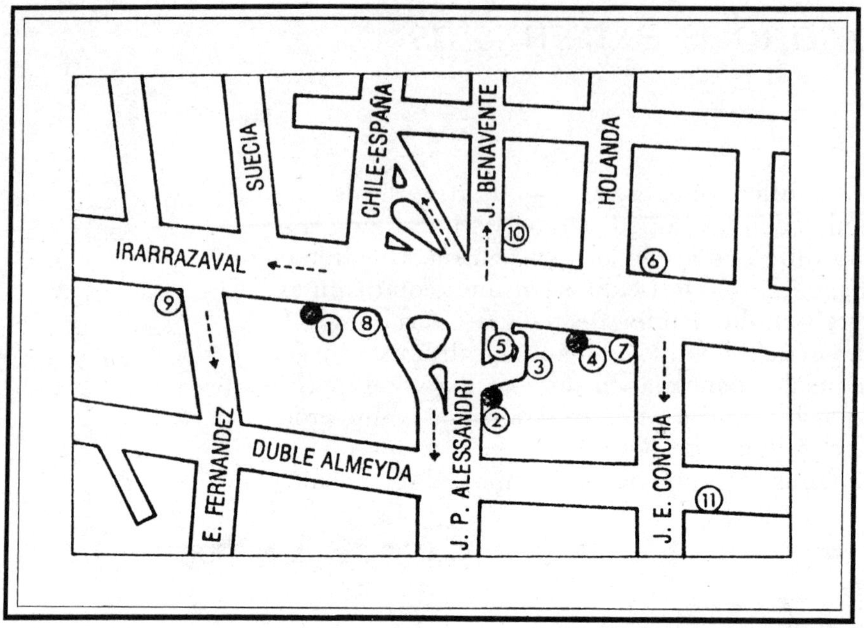

Las acciones

Según los datos recogidos por HOY entre los testigos del triple asalto los hechos° se desarrollaron así: — events

1. Dos falsos carabineros, dos civiles y una mujer entran al Banco de Chile como si fueran a protegerlo y reducen° a los presentes. — overcome
2. Un falso carabinero, un civil y una mujer entran al Banco de Talca. En cuanto termina el atraco,° salen rompiendo las puertas con hachas. — robbery
3. Un falso carabinero y dos civiles entran en la central de Radiotaxis Andes-Pacífico y destruyen con hachas los equipos de radio.
4. Dos carabineros falsos y una mujer entran en el Banco de Concepción.
5. El vigilante° Juan Sandoval llega a pedir ayuda desde el Banco de Concepción y un falso carabinero lo hiere en el tórax. — guard
6. Dos carabineros se parapetan° en el local de Automotora La Palma para hacer frente° a los extremistas. — find shelter; to face
7. Desde un quiosco de diarios disparan los asaltantes. Es asesinado el carabinero Washington Godoy y herido José Vallejos.

8. El carabinero Daniel Leiva enfrenta a los extremistas que salen disparando desde el Banco de Chile y lo matan tan pronto como lo ven.
9. Desde esta esquina apoyan° la acción otros dos falsos uniformados. — support
10. Queda abandonado el taxi Chevette KP-593, secuestrado horas antes, con su conductor maniatado.° Los extremistas huyen arrojando° explosivos. — tied up; throwing
11. En la fuga,° los extremistas disparan contra un auto. Las flechas indican las vías de huída. — escape

De la revista *Hoy* (Santiago)

Comente usted...

1. ¿Qué ocurrió el 30 de diciembre a las 14:30?
2. ¿Qué hicieron los comandos extremistas ese día?
3. ¿Qué sucede en el Banco de Chile y en el Banco de Talca?
4. ¿Qué sucede en la central de Radiotaxis Andes-Pacífico?
5. ¿Quiénes resultan muertos o heridos en las diversas acciones de ese día?
6. Según se indica en el dibujo, ¿por qué calles huyen los terroristas?

Los mercaderes° del terror

merchants

(Adaptado)

Los terroristas están en todas partes y nadie puede decir, en el mundo de hoy, que puede escapar a sus actos de violencia...

El 27 de junio de 1976, un avión de Air France que cubría la ruta entre Tel Aviv y París, despegaba del aeropuerto de Atenas con destino a Francia. Cuatro enmascarados,° inesperadamente, se apoderaron del avión, ordenándole al piloto que se dirigiera a Libia, y de allí al aeropuerto de Entebbe en Uganda. En los seis días siguientes se produciría la situación de piratería internacional más tensa de la historia y que finalizaría con la dramática acción comando realizada por fuerzas especiales del ejército israelí. La relación de ataques terroristas de esta clase es interminable.

masked men

No cabe duda alguna de que el terrorismo es un crimen y quienes lo fomentan, criminales. Pero la lucha de los terroristas no es por conseguir dinero, sino poder.

Tel Aviv, 1976. Los comandos israelitas regresan triunfantes, después de liberar a los rehenes, prisioneros en el aeropuerto de Entebbe.

Una horrible pesadilla°

nightmare

Los Estados Unidos, a pesar de que tienen sus sofisticados cuerpos de inteligencia y policía, han sufrido en carne propia° el sabor° de las acciones terroristas. A pesar de las inmensas medidas de seguridad que se emplean en toda la nación y de todos los controles de seguridad que debe atravesar° el viajero en los Estados Unidos antes de poder subirse a un avión, ningún pasajero deja de pensar qué pasaría si en su vuelo se levantaran «unos cuantos locos» y secuestraran el avión.

personally / taste; go through

Una era de violencia

Vivimos en una era de violencia, y los únicos que saben cómo sacar un calculado provecho° de todo esto son los terroristas, los mercaderes del terror.

benefit

Ninguna de sus acciones son hechas al azar,° sino que cada una de ellas tiene un propósito bien definido. Cuando «Carlos el Chacal» lanzó una granada contra *Le Drugstore,* en París, no lo hizo porque el propietario le fuera antipático, ya que nunca en su vida lo había visto. El temido° terrorista venezolano quería con aquella acción, «poner un poco de presión sobre el gobierno de Francia».

by chance; feared

Las técnicas y los armamentos de los terroristas han ido sofisticándose. Cada día que pasa, estos mercaderes del terror van mejorando las técnicas empleadas y el tipo de armas que utilizan. De las granadas y las ametralladoras° están pasando a los cohetes dirigidos° por rayos infrarrojos y algunos están ya empezando a utilizar material atómico, mientras otros dan sus primeros pasos en el proceso de la «guerra bacteriológica». Cuando estas dos últimas etapas° estén un poco más avanzadas, la acción terrorista no se limitará a la captura o secuestro de un edificio o un avión, sino que se podrá poner en peligro e incluso controlar ciudades enteras y por ellas el país completo.

machine guns; guided; stages

Armas adicionales

Los grupos terroristas — principalmente los de izquierda — han demostrado que les es excesivamente fácil el lograr° presionar a los gobiernos occidentales. En la actualidad, los terroristas tienen a su favor un 80 por ciento de probabilidades de no ser capturados o muertos° durante una acción; un 60 por ciento de posibilidades de que sus demandas sean total o parcialmente aceptadas y un cien por ciento de que su acción conquiste la atención de todos los medios de comunicación y con ellos la publicidad que buscaban.

lograr: to be able
muertos: killed

Política de detente

De todas las agencias de inteligencia occidentales, la mejor informada sobre las actividades terroristas es la *Mossad,* de Israel. A ésta le sigue la Agencia Central de Inteligencia de los Estados Unidos, y a continuación están las agencias de Alemania, Inglaterra y Francia.

Pero el fallo° principal que hay en todas ellas es que ninguna está capacitada para trabajar a un nivel internacional, mientras que las organizaciones terroristas — por medio de sus pactos y acuerdos con grupos radicales de

fallo: failure

diferentes países — cuentan con una perfecta red° internacional, lo que le permite no sólo recopilar° información sino también mover armas y explosivos de un punto° a otro del globo con una asombrosa facilidad.

network
to compile
point

Cinco puntos claves°

key

Para los expertos en inteligencia — especialmente aquéllos especializados en terrorismo — la lucha contra el terrorismo internacional no es nada sencilla, y se puede centralizar en cinco puntos principales:

Primero: Las actividades terroristas internacionales representan poco menos que una «Tercera Guerra Mundial» no declarada.

Segundo: Una confederación de más de treinta organizaciones terroristas unen los diversos países y regiones del mundo.

Tercero: El terrorismo internacional es una operación perfectamente planeada por un grupo de «cerebros» que se mantienen bien guardados.

Cuarto: El terrorismo es uno de los negocios más florecientes° desde un punto de vista económico.

flourishing

Quinto: Las organizaciones terroristas hacen un uso efectivo de la sicología de masa y utilizan a su antojo° la mayoría de los medios de comunicación deseosos del sensacionalismo.

whim

De la revista *Réplica* (Miami)

Comente usted...

1. ¿Qué pasó el 27 de junio de 1976?
2. ¿Qué pasó en los seis días siguientes?
3. ¿Qué tratan de conseguir los terroristas?
4. ¿Qué preocupación tienen hoy en día las personas que viajan en avión?
5. ¿Qué pretendía «Carlos el Chacal» cuando lanzó una granada contra *Le Drugstore* en París?
6. ¿Cómo han ido sofisticándose las técnicas y los armamentos de los terroristas?
7. ¿Qué posibilidades de triunfo tienen los terroristas actualmente?
8. ¿Cuáles son las agencias de inteligencia mejor informadas hoy en día?
9. Según el artículo, ¿cuál es el fallo principal que tienen todas ellas?
10. ¿Quiénes dirigen el terrorismo internacional y cuántas organizaciones terroristas hay en el mundo?

Desde su mundo

1. ¿Qué pasó durante el atentado contra la vida del presidente Reagan?
2. ¿Cómo reaccionó usted al saber del asesinato de John Lennon?
3. En los Estados Unidos, ¿es la violencia solamente de tipo político?
4. Dé algunos ejemplos de acciones violentas que han ocurrido en los Estados Unidos.
5. ¿Encuentra usted algún tipo de justificación a los actos terroristas? ¿Cuál? (¿Por qué no?)
6. ¿Qué medidas de seguridad toman los bancos hoy en día?
7. Cuando usted viaja en avión, ¿le preocupa la idea de que puedan secuestrarlo(a)?
8. ¿Qué piensa usted de la Agencia Central de Inteligencia de los Estados Unidos?

ACCION CONTRA EL CRIMEN

326-8477

326-TIPS

Recompensas de hasta $1,000 por información que ayude a resolver crimenes violentos mediante una llamada confidencial en español.

UN PROGRAMA DE LA COMISION DEL CRIMEN DEL GRAN MIAMI

VOCABULARIO

NOMBRES

el **acuerdo** agreement
el **asesinato** murder
la **carne** flesh, meat
el **castigo** punishment
el **cerebro** brain
el (la) **conductor(a)** driver
la **flecha** arrow
la **guerra** war
el **hacha** ax
el **hueso** bone
el **miedo** fear
el **poder** power
la **raíz** root
el **secuestro** kidnapping
la **selva** jungle
el **tiroteo** shooting
la **valentía** courage
la **voluntad** will

VERBOS

apoderarse (de) to take over
despegar to take off
disparar to shoot
herir (e›ie) to wound
subirse (a) to get on

ADJETIVOS

antipático(a) unpleasant
asombroso(a) astonishing
entero(a) whole

OTRAS PALABRAS Y EXPRESIONES

a costa de at the expense of
con destino a going to
hacer alarde to boast, to brag
poner en peligro to endanger
una especie de a kind of
unos(as) cuantos(as) a few

Palabras y más palabras

Complete las siguientes oraciones utilizando las palabras del vocabulario.

1. Lo más importante es el hombre concreto: el hombre de ____ y ____ .
2. Los terroristas ____ del banco sin tener que disparar sus armas.
3. En el ____ ocurrido entre los terroristas y la policía, hirieron a ____ policías.
4. La violencia es la ley de la ____ .
5. El avión ____ a las ocho de la noche y salimos con ____ a México.
6. Durante la guerra, los soldados demostraron mucha ____ .
7. El conductor del autobús tuvo que romper la puerta con un ____ .
8. El mundo ____ está de acuerdo en que el deseo del ____ es la raíz del terrorismo.
9. Por hacer ____ de valentía, puso en ____ su vida.
10. Las ____ indican por dónde se sale del edificio.
11. El terrorismo internacional es una operación planeada por un grupo de « ____ ».
12. Muchos dicen que el ____ al castigo no evitará los crímenes.
13. Antes de ____ al avión, se despidió de sus amigos.

14. No es nada simpático. Es ____ .
15. Solamente el ejercicio de la ____ colectiva terminará con el terrorismo.
16. Es ____ ver cómo ha aumentado la violencia hoy en día.
17. No trabajaba. Vivía ____ sus padres.
18. Según el artículo, ya puede advertirse una ____ de geografía de la violencia.

EXPANSIÓN DE VOCABULARIO (Actividad opcional)

Algunas palabras relacionadas con la violencia

amenazar to threaten
el **arma** weapon
el **asalto** assault, attack
asesinar to murder
el (la) **asesino(a)** murderer, assasin
la **bomba** bomb
la **democracia** democracy
el (la) **espía** spy
estallar to explode, to go off (*i.e., a bomb*)
las **fuerzas armadas** armed forces
la **huelga** strike
el **líder** leader
la **pena capital** death penalty
el **preso político** political prisoner
la **prisión, la cárcel** prison, jail
el (la) **rehén** hostage
rescatar to rescue
el **rescate** rescue, ransom
el **sabotaje** sabotage
la **tiranía** tyranny

¿Cuánto vocabulario nuevo ha aprendido usted?

Complete las siguientes oraciones usando palabras de la lista anterior, según corresponda.

1. En los países donde hay ____ , las cárceles están llenas de ____ políticos.
2. Ayer, durante el ____ , los terroristas nos ____ con sus armas.
3. Los terroristas pidieron un millón de dólares como ____ por los ____ .
4. El ____ de los trabajadores organizó una ____ general.
5. Miembros de las ____ rescataron a los rehenes.
6. Mata Hari fue una famosa ____ .
7. Los terroristas pusieron una ____ en el aeropuerto pero, felizmente, no ____ .
8. Condenaron a los autores del ____ a la pena ____ .
9. El gobierno de Estados Unidos es una ____ .
10. El ____ fue condenado a muerte.
11. Trataron de ____ al Papa Juan Pablo II.
12. Alcatraz era una ____ de máxima seguridad.

GRATIFICO GENEROSAMENTE

A QUIEN ME INFORME DEL PARADERO DE UN AUTOMOVIL CONQUISTADOR BLANCO, PLACA N°. TBF-993, SERIAL N°. AJ-87VL80267, QUE FUE ROBADO DE LA CALLE ORINOCO EN CUMBRES DE CURUMO. FAVOR COMUNICARSE POR EL TELEFONO: 21-29-76. Sr. ALI GUEVARA.

GRATIFICO GENEROSAMENTE:

A LA PERSONA QUE ME DEVUELVA LA DOCUMENTACION QUE SOLAMENTE A MI ME INTERESA, FAVOR COMUNICARSE POR EL TELEFONO: 21-29-76. SR. ALI GUEVARA.

Actividades especiales

A. *Hábleme de usted...*

Complete las siguientes oraciones según su propia opinión o experiencia.

1. Para mí, es asombroso que...
2. Yo creo que en el mundo continuará la violencia hasta que...
3. Para mí, el peor castigo es...
4. Yo creo que una persona pone en peligro su vida cuando...
5. Yo tengo miedo de...
6. Opino que la guerra es...
7. Para mí, un acto de valentía es...
8. Yo creo en el poder de...
9. Para mí, una persona antipática es la que...
10. No me gustan las personas que hacen alarde de...

11. Es triste tener que vivir a costa de...
12. Es necesario tener mucha fuerza de voluntad para...

B. La clase se divide en cuatro grupos para discutir qué harían en las siguientes situaciones para resolver cada problema. Después de llegar a un acuerdo sobre el plan de acción, informarán al resto de la clase.

1. Uds. son los miembros de la tripulación [*crew*] y dos terroristas secuestran el avión.
2. Uds. están en un banco y un grupo asalta el banco y los toma de rehenes.
3. Uds. son miembros de *SWAT* y tienen que rescatar a unos rehenes que están en poder de unos terroristas.
4. Han puesto una bomba en la universidad. Uds. están encargados de la evacuación y de encontrar la bomba.

Composición

Escriba una composición sobre la violencia en el mundo.

1. Introducción
   Defina lo que es la violencia

2. Desarrollo
   a. Causas que contribuyen a la violencia
   b. La pobreza
   c. El medio ambiente
   d. Los problemas económicos
   e. La falta de libertad

3. Conclusión
   Posibles soluciones al problema de la violencia

UNA ADIVINANZA

A un naranjo° me subí;
naranjas encontré,
naranjas no comí,
naranjas no dejé.
¿Cuántas naranjas
había en el árbol?

°orange tree

—Ya le dije ayer que si quiere que le dé el dinero, debe conseguir la firma del director.

dos naranjas

11
Los medios de comunicación y el turismo

¿Qué mundo soñamos? (Adaptado)

Hace unos meses, cuando se acercaban las fiestas de Reyes, le pregunté a uno de mis sobrinos qué era lo que más le gustaba en esta vida. La pregunta lo tomó de sorpresa pero lo pensó un poco y luego, como repentinamente iluminado, respondió: «Tener una bicicleta Caloi.»

Cuando yo creí que me hablaría de estados de ánimo: jugar, divertirse, correr, dormir, estar contento, etc., mi sobrino salió con una frase publicitaria,° con un producto específico. En ese instante, sin pensarlo mucho, me pareció natural que el chico me hubiera dicho que su máxima ambición en la tierra era tener una bicicleta. Pero más tarde, reflexionando sobre el hecho° me di cuenta de que no sólo no era natural sino que era un ejemplo más de uno de los defectos de nuestra sociedad: todo lo que soñamos, lo que ambicionamos, lo que queremos es precisamente lo que la publicidad nos muestra, nos sugiere que compremos, nos pone a mano.

slogan

happening

En épocas anteriores,° cuando surgió° la industrialización como proceso socio-económico, su finalidad principal era producir artículos que eran necesarios para el hombre. La gente necesitaba máquinas, instrumentos de trabajo, ropa, y las industrias se las proporcionaban.° Pero con el avance de la civilización, con la creación de grandes riquezas a nivel de pueblos y a nivel de clases sociales, ha surgido una nueva tendencia: la de industrias que producen cualquier cosa que, mediante una adecuada e intensa publicidad, se convierte en una nueva necesidad del hombre.

en... in the old days / appeared

se las... made them available to them

Antes era primero la necesidad y luego el producto que satisfacía esa necesidad; hoy, primero es el producto y luego creamos la falsa necesidad de ese producto.

El impacto de la publicidad sobre el pensamiento° de los hombres en nuestros días es un hecho que puede considerarse como inherente al desarrollo de la sociedad en estos tiempos. Sometemos° a los niños a un intenso bombardeo publicitario desde sus primeros meses, y ese proceso continúa por el resto de sus vidas.

thought

we subject

Daré un ejemplo más: Como en todo hogar moderno, también en casa tenemos un aparato de televisión, y nuestro hijo, de apenas un año, ya distingue perfectamente una

DIAMOND DIAMOND DIAMOND DIAMOND DIAMOND DIAMOND DIAMOND DIAMOND
DIAMOND
La nueva opción
LA LINEA MAS COMPLETA DE ORGANOS
Diamond 30
El chico grande de la familia Diamond. 61 notas en un solo teclado, piano, clave, arpa, boogie bass y ritmo disco incluido, miniband de 36 acordes automáticos en un solo dedo, memoria total, 8 ritmos combinados y presets de organo, planos sonoros individuales, ademas en su versión portatil para llevarlo en su fin de semana.
Otros modelos: Diamond 32, 33, 33C y la linea Gold 91, 902, 903, con auto player y solo de batería y el fabuloso 910 con computer band. Desde $ 5.900.000.-
CRB
IMPORTA Y DISTRIBUYE
CRB ELETTRONICA
CALLAO 121
VENTAS POR MAYOR Y MENOR
DIAMOND DIAMOND DIAMOND DIAMOND DIAMOND DIAMOND DIAMOND DIAMOND

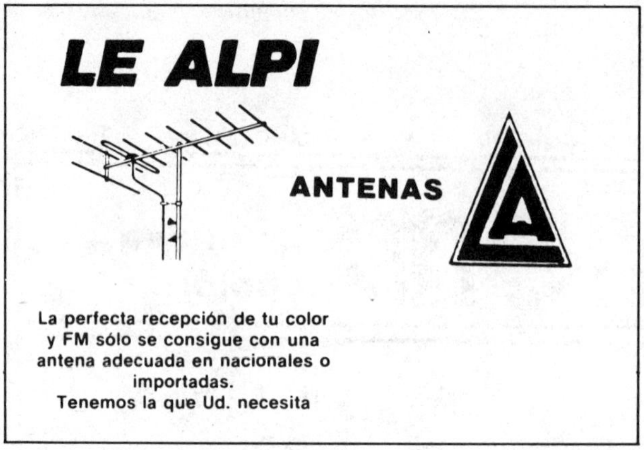

publicidad de otra. No sabe a qué se refiere específicamente
cada corto publicitario° pero sí le entusiasman la música y — ad
las imágenes que aparecen en la pequeña pantalla. Como
un casi inevitable° mal de nuestros tiempos, también él — unavoidable
duerme muchas veces con el televisor encendido.° A — on
veces ya está para dormirse cuando muestran la película
de *Coca-Cola*. El bebé se levanta como si hubiera sido sa-
cudido por una descarga° eléctrica, ve el corto publicitario — discharge
y luego vuelve a dormir. Una de las pocas palabras que
pronuncia es «coca» y estoy seguro de que cuando hayan
pasado unos pocos años, será un entusiasta consumidor de
esa bebida. A pesar de su corta edad, ya la sociedad le im-
pone pautas° de comportamiento. — patterns

Otra característica de nuestros tiempos es que nos juz-
gamos° unos a otros por lo que consumimos. A la gente no — we judge
le importa que una persona sea culta, sea feliz o se sienta
realizada interiormente, sino que se fija en lo que tiene y
en lo que no tiene, qué consume y qué no consume. Para
que una persona sea feliz, es necesario que disponga de
los muchos productos de mayor publicidad.

Volviendo al caso de los niños. Es un hecho que en cuanto tienen la libertad de elegir juguetes, sistemáticamente escogen aquéllos que tienen publicidad en televisión. Sólo así se explica la venta de ciertas marcas de juguetes a pesar de sus precios astronómicos. Los niños ya entienden que lo que «hay que tener» es lo que anuncian en la televisión.

A medida que° un ser humano crece y cultiva su inteli- — as
gencia y su espíritu, es importante que también ensanche° — widens
sus horizontes, que cree nuevas metas para lograr la feli-
cidad, que tenga nuevos sueños y ambiciones, superando° — overcoming
el estrecho y manipulado mundo que el bombardeo pu-
blicitario nos ofrece cada día con incansable insistencia.

De la revista *Ñandé* (Asunción)

APCU THOMPSON ASOCIADOS

como una contribución al desarrollo publicitario de Guatemala

PRESENTA:

28 Festival Internacional de Cine Publicitario. Cannes 1981.

La más completa y profesional muestra mundial de comerciales publicitarios.

Lugar: Cine Plaza 1. Hora: 19:00 a 21:00hrs.
Día: Viernes 26 de marzo de 1982.

Admisión: Q.10.00
(Venta de entradas en la taquilla del cine)

Comente usted...

1. ¿Qué experiencia tuvo el autor con su sobrino y cuál fue su reacción?
2. ¿Qué puede usted decirnos sobre la industrialización como proceso socio-ecónomico, comparando su papel en la actualidad con el que tenía en épocas anteriores?
3. ¿Qué ejemplo da el autor del impacto publicitario en los niños, usando a su propio hijo para ilustrarlo?
4. Según el autor, ¿cómo nos juzgamos unos a otros?
5. ¿Cómo explica el autor la venta de ciertas marcas de juguetes a pesar de sus precios astronómicos?
6. Según el autor, ¿qué debe hacer un ser humano a medida que crece?

T.V. COLOR

MODELO 1981
EUROPA Y ARGENTINA

AUDIO - GRABADORES y
ART. PARA EL HOGAR
EN CONTADO LOS MEJORES
PRECIOS DE PLAZA
CREDITOS: SIN ANTICIPO
HASTA 24 MESES,
LA PRIMERA CUOTA A LOS
30 DIAS

CASA ELIOS
Av. Rivadavia 1956 TE: 47-6237

Panamá hoy (Adaptado)

¡La sensualidad del trópico vive feliz en Panamá! Existe en el aire cálido;° en el sol de sus playas; en las aguas, tanto del Atlántico, como del Pacífico, que la rodean; y también en el carácter tan amable y abierto de su gente, que con razón se siente muy orgullosa° de su hermoso país.

warm / proud

Para el turista que busca un lugar que tenga gran variedad de atracciones, Panamá es el país ideal. Con playas, sol, campo, excelentes compras, y la «tentación» de los casinos de juego,° el país puede ofrecer unas vacaciones muy agradables.

gambling

Combinar la ciudad de Panamá con visitas al campo y tres días de sol en encantadoras° playas puede ser una semana panameña perfecta.

enchanting

En Ciudad Panamá es necesario visitar dos lugares de rigor:° el Canal de Panamá, que es algo realmente impresionante, además de un hecho histórico; y Panamá la Vieja, con sus ruinas, antiguas iglesias, y huellas° del pasado.

de... which are a must / vestiges

Para los que quieran encontrar verdaderas maravillas en mantelería, sedas bordadas, kimonos y blusas chinas, cámaras, perfumes, etc. están las tiendas de mercadería a precios de Zona Libre. Es buena idea tomar excursiones organizadas, entre las que están la del Canal y visitas a la ciudad.

Otra idea es alquilar un auto y, después de pasar un par° de días en la ciudad, adentrarnos en el campo. Conoceremos entonces un Panamá verde, a veces con paisajes de tipo alpino, con saltos de agua,° y una vegetación agreste.° Si por otra parte decide conocer las playas panameñas, la Carretera Centroamericana lo lleva por ella, y hay un dicho que explica que en Panamá «usted en la mañana puede bañarse en el Atlántico, y en la tarde dorarse° en el Pacífico».

couple / waterfalls / wild / tan

Conocer la ciudad de Colón es otra buena excursión de un día, ya que su zona de compras libre de impuestos es la más importante del hemisferio. La Isla de Contadora es el mejor lugar que alguien haya podido imaginar para pasar unos días de descanso.° Playas, deportes acuáticos,° golf, tenis, piscina, sol. La isla ofrece más de trece playas de arena muy blanca, y todas las comodidades posibles, además de un casino de juego.

rest / water sports

Para el turista que desee una serie de vacaciones diferentes reunidas en una sola, Panamá puede ofrecérsela. Existe el Panamá histórico: iglesias con altares de oro, murallas,° el fuerte de Portobelo, la catedral de Panamá, que tardó 108 años en construirse y el Panamá de Playas e Islas, con más de 800 islitas diferentes en ambos océanos. Existe también el Panamá de otras civilizaciones, con su vasta cultura indígena, sus misteriosos y a la vez° tímidos indios de las islas de San Blas y su herencia folklórica... Y también el Panamá moderno, que cada día expande más su potencial de país joven y lleno de energía.

walls

at the same time

HOTELES

En Ciudad Panamá   De tipo lujoso y supermoderno

1. ***El Panamá Hilton*** Excelente. Situado en medio de enormes jardines tropicales, en el centro de la ciudad — con piscinas, canchas de tenis y restaurantes.

2. ***Holiday Inn*** En el Pacífico, con habitaciones con vista panorámica, además de piscina, casino y todas las comodidades.
3. ***Hotel Continental*** Tiene también todas las cosas que Ud. desea incluyendo club nocturno.

Hay otros hoteles excelentes, de precios moderados, todos ellos céntricos° y muy cómodos. centrally located

RESTAURANTES

Se come fabulosamente en Panamá, donde igual puede saborear° platos típicos como cocina internacional. Entre los mejores están: taste

1. ***Windows*** De lujo. Cocina internacional.
2. ***Pez de Oro*** Mariscos° al estilo peruano. Muy buena cocina. shellfish
3. ***Restaurante de las Américas*** Precios económicos y una cocina magnífica
4. ***La Cocina Vasca*** Muy elegante decorado vasco y buena cocina.
5. ***El Fogón*** Carnes al estilo ranchero. Muy bueno.
6. ***Mandarín*** Excelente cocina china.

De la revista *Vanidades* (Ciudad de Panamá)

Comente usted...

1. ¿Por qué cree usted que los panameños están orgullosos de su país?
2. ¿Por qué es Panamá un lugar ideal para el turista que quiera una variedad de atracciones?
3. ¿Cuál sería, según el artículo, la «semana panameña perfecta»?
4. ¿Puede usted nombrar dos lugares «de rigor» que el turista debe visitar?
5. ¿Por qué cree usted que sería una buena idea ir de compras en Panamá?
6. ¿Qué sabe usted del campo y las playas de Panamá?
7. ¿Qué atracciones ofrece la Isla de Contadora?
8. ¿Qué hoteles de tipo lujoso y moderno hay en Panamá y qué comodidades ofrecen?
9. Si el turista no tiene mucho dinero, ¿puede ir a otros hoteles más baratos?
10. ¿Qué tipos de comida encontramos en los restaurantes de Panamá?

Situación estacionaria, por el momento

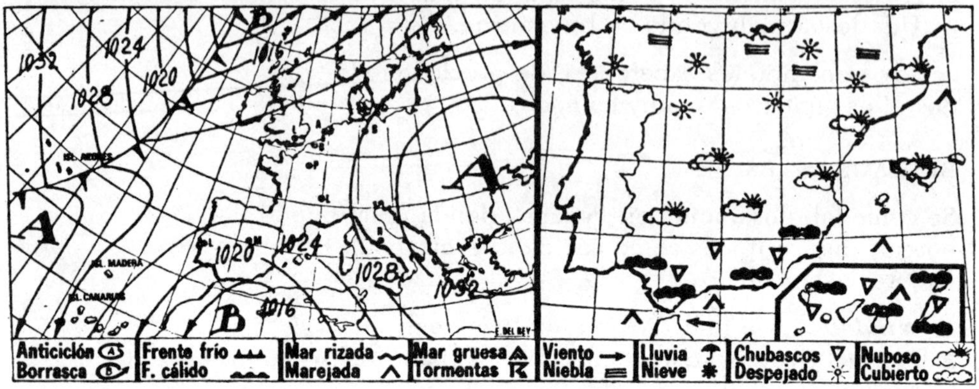

José A. MALDONADO

Aunque la borrasca se va alejando de las Islas Canarias, acercándose cada vez más al Mediterráneo, poca influencia práctica tendrá eso todavía hoy en nuestro panorama meteorológico, ya que desde la nueva posición seguirá afectando a las mismas regiones que últimamente. Es decir, al citado archipiélago y al sur y sudeste de la Península, donde, a lo largo de la jornada, serán bastante probables los chubascos. En el resto de la costa mediterránea también será abundante la nubosidad de estancamiento producida por el viento marítimo, manteniéndose despejado o casi despejado en las demás regiones.

□ PRONOSTICOS

AREA DE MADRID.—Neblinas matinales y cielo parcialmente cubierto posteriormente. Vientos flojos del Este y temperaturas diurnas moderadas.

CANTABRICO.—Despejado o casi despejado.

GALICIA.—Despejado o casi despejado.

DUERO.—Poco nuboso o despejado.

EXTREMADURA.—Nubosidad variable, con tendencia a disminuir.

LA MANCHA.—Parcialmente cubierto.

ANDALUCIA.—Muy nuboso, con riesgo de chubascos generalmente débiles.

LEVANTE.—Nubosidad variable, con posibilidad de chubascos.

EBRO.—Níeblas en la cabecera, despejado en la cuenca media y nuboso en la zona de la desembocadura.

CATALUÑA.—Parcialmente cubierto en el litoral y despejado o casi despejado en el interior.

BALEARES.—Nubosidad variable.

CANARIAS.—Muy nuboso, con riesgo de chubascos, pero con tendencia a mejorar durante el día.

□ AYER

Llovió en Canarias, destacando 37 litros por metro cuadrado en La Palma y 20 en Tenerife. También se registraron precipitaciones, pero de bastante menos cuantía en Andalucía, Levante y cuenca del Segura.

Temperaturas extremas: Máxima de 18 grados en Badajoz, Córdoba y Sevilla. Mínima, -7 en Soria.

□ MAÑANA

Tendencia a empeorar en Galicia y en la vertiente cantábrica. Se mantendrá todavía el riesgo de chubascos en la costa mediterránea.

□ EN MADRID

Datos meteorológicos.—Temperaturas extremas: Máxima, 11 grados, y mínima, -1. La presión a las veinte horas era de 701,6 milímetros, tendiendo a descender ligeramente. El viento dominante fue de componente Nordeste y la velocidad máxima 320 kilómetros por hora. La humedad osciló entre el 558 y el 973 por 100. El sol saldrá a las ocho horas seis minutos y se pondrá a las dieciocho horas cincuenta y dos minutos.

Sevilla, «ciudad de los reflejos»

(Adaptado)

Sevilla es una ciudad cosmopolita acostumbrada a convivir durante todo el año junto a° los muchos turistas que allí vienen. En las blancas calles llenas de flores del barrio de Santa Cruz, en las noches de guitarras y flamenco, en las mañanas de sol del Parque de María Luisa, en las tardes tranquilas a la orilla° del río Guadalquivir o entre las frías paredes de la Catedral, coinciden cientos de personas animadas por el embrujo° y el encanto sevillano.

next to / shore / bewitching

Ortega y Gasset[1] llamó a Sevilla «ciudad de reflejos» por su luz y su color. Es muy frecuente encontrar en los barrios más antiguos numerosos callejones° y plazuelas° donde las casas están pintadas de blanco y tienen balcones en los que resaltan° macetas de flores de tonos vivos y brillantes. La mayoría tiene también un patio, herencia a la vez romana y oriental, pero genuina creación andaluza.

alleys / little plazas

stand out

Itálica, ciudad romana

Para conocer parte de la historia de Andalucía, el turista debe visitar Itálica, situada a nueve kilómetros de la capital. Allí podrá ver los restos de una antigua colonia romana fundada en el año 206 antes de Cristo, donde se conservan las ruinas de un gran anfiteatro, así como° las de la calle principal y de algunas casas en las que se pueden reconocer patios con fuentes y aljibes.°

así. . . as well as

cisterns

En el campo de la cultura, Sevilla tiene especial importancia, ya que,° entre otros hechos destacables,° en ella nació Antonio de Nebrija, autor de la primera gramática de la lengua española.

since / that should be mentioned

También aquí Miguel de Cervantes vivió durante algún tiempo y dio vida a Don Quijote. Velázquez, Murillo y Valdés Leal, pintores de fama internacional tuvieron en la «ciudad de los reflejos» su Patria Chica, así como el poeta romántico Gustavo Adolfo Bécquer.

En la Sevilla de hoy se respira un ambiente alegre y en sus barrios populares, una vez terminado el trabajo, se encuentran sevillanos y extranjeros en busca de una típica taberna donde saborear las riquísimas «tapas» y los vinos de la tierra. Esos barrios, a pesar de los años que han pasado por ellos, no han perdido el encanto que los caracteriza.

---

[1]Famoso filósofo y escritor español del siglo XX

Sevilla: Patio de las Doncellas.

La procesión del silencio durante la Semana Santa en Sevilla.

Dado el interés turístico de esta ciudad andaluza, todas las excursiones que se realizan por la región incluyen al menos dos días de estancia° en ella. Un viaje de cinco días recorriendo Córdoba, Sevilla y Granada y residiendo en hoteles de cuatro estrellas cuesta alrededor de 300 dólares por persona. Si se desea viajar por cuenta propia diremos que está a 542 kilómetros de Madrid por carretera.

stay

Monumentos más importantes

- ***La Catedral*** El tercer templo de mayores dimensiones del mundo cristiano después de San Pedro en Roma y San Pablo en Londres.
- ***La Giralda*** Torre de la antigua mezquita, es de arte árabe (siglo XII).
- ***Reales Alcázares*** Un palacio mudéjar construido por Pedro I de Castilla sobre los antiguos palacios musulmanes.
- ***Archivo General de Indias*** En él se encuentran documentos relacionados con el descubrimiento y conquista del Nuevo Mundo.
- ***Fábrica de Tabacos*** Convertida hoy en universidad. Después de El Escorial, es el monumento más grande de España.
- ***Torre del Oro*** Su nombre se debe a que estaba cubierta de azulejos° dorados.

tiles

Especial importancia tienen también los jardines del Parque de María Luisa.

Fiestas de interés

Si su viaje coincidiera con alguna celebración importante, su visita a esta ciudad tendría un mayor interés. Entre las festividades más famosas están:

- ***Semana Santa*** Desde el siglo XVI, Sevilla celebra esta conmemoración con las tradicionales procesiones.
- ***Feria de Abril*** Comienza el martes siguiente a la Semana Santa de Pascua de Resurrección y dura seis días.

En la feria sevillana se instalan multitudes de casetas alineadas en calles artificiales. Jóvenes sevillanos vestidos con el característico traje regional dan colorido a la fiesta. La música y los toros son elemento indispensable de la feria de Sevilla.

De *Diario Las Américas* (Miami)

Comente usted...

1. ¿Puede usted nombrar algunos de los «encantos» sevillanos?
2. ¿Cómo son las casas de los barrios antiguos?
3. ¿Qué ciudad sugiere el artículo que visite el turista que esté interesado en historia? ¿Por qué?
4. ¿Quién fue Antonio de Nebrija?
5. ¿Qué tienen en común Cervantes, Velázquez, Murillo, Valdés Leal y Bécquer?
6. ¿Qué les gusta hacer a los sevillanos después de terminado el trabajo?
7. ¿A qué distancia está Sevilla de Madrid?
8. ¿Qué sabe usted sobre la Catedral de Sevilla?
9. ¿Puede usted nombrar algunos de los monumentos más importantes de Sevilla?
10. ¿Qué cosas vería usted si fuera a Sevilla para la Feria de Abril?

Desde su mundo

1. ¿Qué pasa en este país cuando se acercan las fiestas de Navidad? (En la televisión, en las tiendas, la vida familiar, etc.)
2. ¿Recuerda usted algunas frases publicitarias? ¿Cuáles? ¿Qué productos tratan de vender?
3. ¿Cómo son los programas para niños en los Estados Unidos? ¿Cuáles son los mejores? ¿Ha mirado usted alguna vez «La calle Sésame»?
4. ¿Ha cambiado mucho la televisión durante los últimos años? ¿Hay nuevas tendencias? ¿Por ejemplo?

5. ¿Qué cosas compramos en este país simplemente porque tienen mucha publicidad en televisión?
6. ¿De qué manera podría usarse la televisión para educar al público?
7. ¿Qué podemos hacer para superar el estrecho mundo que nos ofrece la televisión?
8. En su opinión, ¿qué cosas son necesarias para ser feliz?
9. ¿Qué lugares de los Estados Unidos cree usted que el turista extranjero tendría que visitar? Descríbalos brevemente.
10. ¿Cuáles son algunos de los monumentos y edificios importantes de la ciudad donde usted vive?

VOCABULARIO

NOMBRES

la **comodidad** comfort
la **compra** purchase
el **comportamiento** behavior
el **descubrimiento** discovery
el **deseo** wish
la **herencia** inheritance
los **impuestos** taxes
el **juguete** toy
la **maceta** flower pot
la **marca** brand
la **mercadería** merchandise
la **meta** goal
la **riqueza** wealth
la **tierra** earth
la **torre** tower

VERBOS

acercarse (**a**) to get near, to approach
crecer to grow
lograr to achieve
rodear to surround
sacudir to shake

ADJETIVOS

culto(a) educated
dorado(a) golden
estrecho(a), **angosto**(a) narrow
lujoso(a) luxurious

OTRAS PALABRAS Y EXPRESIONES

el estado de ánimo mood
mediante by means of
por otra parte on the other hand
repentinamente suddenly
salir con to come up with
tener en cuenta to keep in mind

VACACIONES

Alquilo piso primera línea, cuatro habitaciones, agua caliente y televisión, en Puertu de Burriana (CASTELLON).

Información: Señor BOMBIN. Tel. 964-31 01 40.

Palabras y más palabras

Las palabras que aparecen en estas lecturas, ¿forman ya parte de su vocabulario? ¡Vamos a ver!

Dé usted el equivalente de lo siguiente.

1. lo que se usa para jugar
2. objetivo
3. manera en que actúa una persona
4. aproximarse
5. manera en que uno se siente
6. pensar, recordar
7. obtener
8. abundancia
9. que ha estudiado mucho
10. dinero que le pagamos al gobierno
11. nuestro planeta
12. mercancía
13. nombre que corresponde al adjetivo *cómodo*
14. opuesto de *venta*
15. nombre que corresponde al verbo *descubrir*
16. que tiene lujo
17. por medio de
18. aspiración
19. de color oro
20. agitar
21. dinero, propiedad, etc. que alguien deja al morir
22. súbitamente
23. angosto
24. aumentar en tamaño
25. por otro lado
26. nombre de fábrica de un producto
27. decir o hacer algo que nadie espera
28. poner algo alrededor de una cosa
29. construcción de más altura que superficie, por ejemplo en una iglesia
30. objeto para poner plantas

EXPANSIÓN DE VOCABULARIO (Actividad opcional)

Palabras relacionadas con los medios de comunicación

el **canal** channel
la **crítica** critic
la **guía de espectáculos** show guide
el (la) **locutor(a)** announcer, commentator
las **noticias** news
la **publicidad** publicity
suscribirse (a) to subscribe (to)

Palabras relacionadas con el turismo

el **castillo** castle
la **catedral** cathedral
de tránsito in transit
hacer cola to stand in line
hospedarse to stay *(i.e., at the hotel)*
la **lista de espera** waiting list
el **monumento** monument
pagar por adelantado to pay in advance
la **pensión** boarding house
el **recuerdo** souvenir
la **tarjeta de turismo** registration card
— **registro** registration card

Europa soñada

41 días con Media Pensión

46.80 U$S Diarios Servicios Terrestres

EUROPA CLASICA

con Palma de Mallorca y Andorra
POR U$S 1625 - 35 días

EURO 32

Selección Hoteles de 1ª. clase y servicios V.I.P.
Para Exigentes...

EUROPA A SU GUSTO

**VIAJE INDIVIDUAL
PRECIO DE GRUPO**

**CRUCEROS POR EL RHIN
Y RUTA DEL DANUBIO**

ORIENTE MEDIO
GRECIA

Visitando:
EGIPTO, JORDANIA,
ISRAEL, TURQUIA Y GRECIA

(Duración 21 días)

**U$S 2095 INCLUYENDO
PASAJES AEREOS**

MUNDO
MEDITERRANEO

(Duración 23 días)

Visitando:
MARUECOS, ESPAÑA, TUNEZ,
JORDANIA, EGIPTO, ISRAEL y GRECIA

**U$S 2340 INCLUYENDO
PASAJES AEREOS**

**VUELTA AL MUNDO
JAPON-TAHITI
MARES DEL SUR**

VENTA DE PAQUETES
PARA EL MUNDIAL DE
FUTBOL EN ESPAÑA

mundiespaña '82

¿Cuánto vocabulario nuevo ha aprendido usted?

Complete las siguientes oraciones según corresponda.

1. No voy a ____ en un hotel sino en una ____ .
2. ¿Tenemos que ____ o podemos pagar al irnos?
3. Si no tiene reservación puedo ponerlo en la ____ .
4. En España vimos ____ medievales y muchas iglesias y ____ .
5. Trajimos ____ para toda la familia.
6. El programa de ____ del ____ 15 es el mejor porque sus ____ son muy buenos.
7. En la Plaza de España está el famoso ____ a Cervantes.
8. Hay mucha gente esperando. Tenemos que ____ .
9. No vamos a quedarnos en este país; estamos de ____ .
10. Voy a ____ a la guía de ____ para recibirla todas las semanas.
11. Según la ____ , ésa es la mejor película del año.
12. La ____ que más vende es la de la televisión.

Actividades especiales

A. Termine las siguientes frases según su propia opinión y experiencia.

1. El año pasado, cuando se acercaban las fiestas de Navidad...
2. Lo que más me gusta en esta vida es...
3. Mi máxima ambición en la tierra es...
4. Uno de los grandes defectos de nuestra sociedad es...
5. Yo creo que el impacto de la publicidad...
6. El bombardeo publicitario me afecta (no me afecta) porque...
7. Como en todo lugar moderno, también en mi casa...
8. A mí me entusiasma...
9. Yo soy un(a) ferviente consumidor(a) de...
10. Cuando conozco a una persona, lo primero que tengo en cuenta es...

B. La clase se dividirá en varios grupos, con el fin de preparar un folleto [*brochure*] turístico sobre el estado donde está la universidad. Los aspectos que deben aparecer en el folleto son los siguientes:

1. Bellezas naturales del estado
2. Monumentos y lugares históricos
3. Fiestas y celebraciones típicas del lugar
4. Productos típicos de la región
5. Hoteles y restaurantes (incluyan precios)

Cada grupo se encargará de uno de estos aspectos. Sugerimos que incluyan fotografías, mapas, ilustraciones, etc.

Composición

Escriba una composición sobre el impacto de la publicidad.

1. Introducción
   Los diferentes medios publicitarios
2. Desarrollo
   Influencia de los anuncios en:
   a. los niños
   b. los adolescentes
   c. los adultos
3. Conclusión
   Ventajas y desventajas de la publicidad

UNA ADIVINANZA

«Una fuente de avellanas° — hazelnuts
que en el día se recogen
y en la noche se desparraman°» — are scattered

—He tenido un sueño maravilloso. Estábamos en Venecia y...

Las estrellas

12
La comunicación a través del idioma

Estados Unidos, país incomunicado (Adaptado)

Los norteamericanos están pagando un alto precio, tanto en el terreno° diplomático como en el comercial, debido a su incapacidad para comunicarse.

Cuando el primer vicepresidente de la República Popular China visitó la Casa Blanca en enero de 1979 para tratar° asuntos muy importantes, el entonces presidente Jimmy Carter tuvo que utilizar a uno de los intérpretes del vicepresidente chino para la entrevista. El Departamento de Estado norteamericano no tenía ningún traductor chino competente.

Mientras unos 10.000 hombres de negocios japoneses que dominan el idioma inglés trabajan con tesón° para ganar mercados en Estados Unidos, en Japón no llegan a 900 el número de empresarios norteamericanos que pueden hablar japonés. Este desequilibrio° fue uno de los factores que propiciaron el superávit comercial de seis mil millones de dólares obtenido por Japón en relación con Estados Unidos durante 1980.

Casos como éstos, repetidos en infinidad de ocasiones en todo el mundo, acentúan las asombrosas consecuencias del virtual analfabetismo de Estados Unidos con respecto a las lenguas de otros países. Los actuales hombres de negocios estadounidenses, que rara vez dominan idiomas extranjeros, deben competir en los mercados mundiales con empresarios políglotas europeos y japoneses. Una Comisión Presidencial para Lenguas Extranjeras y Estudios Internacionales informa: «La incapacidad de los estadounidenses para los idiomas extranjeros es escandalosa.»

El congresista Paul Simon fue el que primero propuso que se creara dicho organismo, exponiendo la necesidad del mismo a su país en 1977. Cuando Simon investigó la situación de los estudios de idiomas en Estados Unidos, se escandalizó° al enterarse de que el Departamento de Estado no pide conocimientos de lenguas extranjeras a quienes aspiran a ocupar un cargo en el servicio diplomático y consular. Un análisis más profundo le reveló que sólo el ocho por ciento de las escuelas y universidades estadounidenses exigen el dominio° de una lengua extranjera

terreno: field
tratar: discuss
tesón: tenacity
desequilibrio: imbalance
se escandalizó: he was shocked
dominio: mastery

SOUNDS OF ENGLISH
UNA MANERA RAPIDA Y AGRADABLE DE
APRENDER INGLES
EN 23 LECCIONES Y 14 CANCIONES
El mejor y más completo curso por correspondencia, ensayado y probado con gran éxito entre millones de personas de habla hispana.
Con Sounds of English ud. hablará Inglés desde el mismo momento en que comienza su aprendizaje.
BECAS: Podrán optar por éstas BECAS estudiantes que adquirieron el sistema "Sounds of English". La BECA consiste en un curso superior de Inglés con todos los gastos de estudio (incluyendo libros) hospedaje y una comida diaria de Lunes a Viernes por el término de 2 meses (Sistema de alimentación americano), además un viaje a Disney World y ticket para 14 atracciones.
El sorteo se efectuará el último sábado de cada mes a las 12 a.m.
COSTO: Bs. 500: incluyendo, inscripción, libro, cassettes grabados o discos; asesoría permanente por un año, diploma y participar en el sorteo mensual para las BECAS.
FORMA DE PAGO: Enviar cheque de Gerencia o Giro Postal a nombre del Instituto Pestalozzi; recibirá su curso luego por una línea de transporte, o directamente en nuestras oficinas, si ud. lo prefiere.
EL SISTEMA SE BASA FUNDAMENTALMENTE EN EL LENGUAJE HABLADO
Saludos y Despedidas
ud.
Una Llamada Telefónica
PHONE
ud.
Alquilando una Vivienda
ud
Buscando Trabajo
FACTORY
ud.
Para mayor información escribir al INSTITUTO PESTALOZZI, Apartado 40825 Caracas 1040–A o llamar a los teléfonos: 62.45.47 - 62.96.70 ó 31.55.34,
Reg. en el M.E No. 156-156 D. F.
NOMBRE Y APELLIDOS:
DIRECCION:
CIUDAD:
ESTADO
PAIS

como requisito de admisión (en 1966 era el 34 por ciento), y que la mayoría de las universidades no piden que los estudiantes aprueben° un curso de idioma extranjero para graduarse.

pass

Los norteamericanos no siempre han sido tan lamentablemente° deficientes en la práctica de otras lenguas. En un año tan reciente como 1965, el 24 por ciento de los alumnos de la escuela secundaria seguían cursos de idiomas extranjeros. Hoy la cifra es del 15... y continúa en descenso. En las clases de la escuela elemental (que es donde se puede aprender con mayor facilidad el idioma de otras naciones) sólo el uno por ciento de los niños lo estudian.

sadly

En ocasiones, la falta de dominio de un idioma extranjero hace que se originen situaciones cómicas. Un funcionario de la Agencia para el Desarrollo Internacional intentó disculparse ante los dirigentes peruanos por la pobreza° de su español y, confundiendo los idiomas, anunció que estaba «embarazado».

inadequacy

Algunas repercusiones son trágicas. Los críticos afirman que la vida de Adolph Dubs, embajador de Estados Unidos en Afganistán, podría haberse salvado si un mayor número de los funcionarios de la embajada que intentaban negociar con los secuestradores, hubieran hablado dari, la lengua afgana.

Las nociones provincianas acerca de otros idiomas han perjudicado a los negocios y al Gobierno de Estados Unidos. En una época en la que uno de cada ocho puestos de trabajo productivo estadounidense depende del comercio mundial, las exportaciones de esta nación se estancan,° y amplios excedentes de importaciones arrastran al dólar hacia el fondo.

do not increase

La Sociedad Nacional Hispánica
Sigma Delta Pi
Establecida 1919
Cuenta con más de 360 capítulos

Esta Sociedad Honoraria para Universidades fomenta el conocimiento más amplio del mundo hispánico y honra a los estudiantes más destacados de la lengua cervantina.

Sin duda, los europeos y otros competidores extranjeros han mejorado su tecnología en las últimas décadas... pero sus tradicionales conocimientos multilingües representan una ventaja que a menudo los ayuda para cerrar un trato. Sus agentes de ventas conocen por lo general tanto la cultura como la lengua de los países donde trabajan. En contraste, la indolente actitud empresarial de Estados Unidos parece declarar: «¿Por qué aprender el idioma nativo cuando se puede contratar a alguien que hable inglés?» Incluso los empresarios que quieren colocar° empleados (to hire) bilingües tienen dificultades para encontrarlos. Por ejemplo, la Pan American World Airways tuvo que entrevistar a 16.000 estadounidenses para cubrir 400 puestos de trabajo que requerían conocimientos mínimos de lenguas extranjeras.

Para mejorar el conocimiento y comprensión de idiomas en los norteamericanos, la Comisión Presidencial formuló 130 recomendaciones. Entre ellas destacan:

• En las universidades norteamericanas debería restablecerse el requisito del idioma tanto para la admisión como para la graduación.
• Es aconsejable que se establezcan escuelas de enseñanza secundaria de idiomas y estudios internacionales en las principales ciudades. Las academias de estudios comerciales deberían exigir cursos de lenguas.

Algunas escuelas han mantenido o reimplantado firmes requisitos en idiomas. La Universidad de Georgetown, por ejemplo, exige que el 90 por ciento de sus estudiantes tome un curso de lengua extranjera. La vuelta a un plan de estudios básicos indispensable que incluye idiomas fue aprobado por la Facultad de Artes y Ciencias de la Universidad de Harvard.

Muchos estudiantes cursan un período escolar en otro país con objeto de adquirir notas para un grado académico, viviendo con familias europeas o latinoamericanas y manteniéndose lejos de otros estaounidenses.

Quizá el aprendizaje de lenguas más notable en Estados Unidos sea el del Middlebury College de Vermont. Cada verano, unos 1.200 estudiantes asisten allí a siete escuelas de idiomas. Durante un lapso de seis a nueve semanas estudian, juegan, cenan y viven inmersos en una lengua extranjera: Todos firman la «Promesa de Middlebury», que consiste en no hablar inglés dentro o fuera del aula, ni siquiera en el lago.

«Al principio es un esfuerzo emocional», comentó un joven estadounidense, que tenía que hablar ruso todo el día. Pero muchos encuentran que pronto se convierte en una diversión.

Es más fácil aprender en la niñez, y en algunos sistemas de escuelas públicas hay indicios° esperanzadores. En 1974, la junta escolar de Ohio en Cincinnati estableció ocho escuelas de instrucción primaria especial. En tres, parte de cada día las clases se imparten° en francés; en las

indicios: indications
imparten: are taught

otras, en español y alemán. Quien visita una clase de biología se maravilla° de que los alumnos del cuarto grado escuchen absortos a un profesor que describe, en alemán, cómo anidan° los pájaros. Las ocho escuelas tienen listas de espera. En Chicago (Illinois), la Academia de Lenguas LaSalle, escuela pública, enseña a 500 niños, que van del jardín de infantes a los primeros grados de la escuela secundaria, una de cuatro lenguas extranjeras.

marvels

make a nest

Estos creativos programas muestran lo que se puede hacer, pero es necesario un mayor esfuerzo. Deben tomarse decisiones para volver a imponer requisitos de idiomas en todos los niveles del sistema educativo y ocupacional de Estados Unidos. León Panetta, congresista miembro de la Comisión Presidencial, promovió con ese fin una enmienda° a la Ley de Cooperación al Desarrollo Internacional. La misma dispone que, en adelante, sólo quienes conozcan la lengua y cultura del país al que se les asigne ocuparán puestos en las embajadas de Estados Unidos.

amendment

«Hemos pecado de pereza,» observa Panetta. «Dimos por descontado que el resto del mundo nos hablaría en inglés. Pues bien, no lo hará.»

De la revista *Selecciones* (México, D. F.)

Comente usted...

1. ¿Qué tuvo que hacer el presidente Carter cuando lo visitó el vicepresidente chino? ¿Por qué?
2. Según el artículo, ¿cuál fue uno de los factores que en 1980 le dio ventaja al Japón en el comercio?
3. ¿Qué desventaja tienen los hombres de negocio estadounidenses al competir con los de otros países?
4. ¿Qué propuso el congresista Paul Simon en 1977, y por qué?
5. En ese mismo año, ¿qué por ciento de los centros educativos de este país tenían como requisito el estudio de lenguas extranjeras? (¿Y en 1966?)
6. ¿Qué situación çómica cita el artículo?
7. Según los críticos, ¿que habría podido salvar la vida de Adolph Dubs?
8. ¿Qué ayuda muchas veces a los competidores extranjeros a cerrar un trato?
9. ¿Qué recomendaciones importantes hizo la Comisión Presidencial?
10. ¿Qué hacen los estudiantes de lenguas extranjeras en Middlebury College?
11. ¿Qué hicieron en 1974 en Ohio?
12. ¿Qué enmienda propuso León Panetta y qué observación hizo sobre los norteamericanos?

Al pan, pan y al vino, vino o To call a Spade a Spade

Vamos a suponer que usted sabe todas las reglas gramaticales de un idioma, y que no hay palabra cuyo significado se le escape. ¿Quiere esto decir que usted conoce esa lengua perfectamente; que usted la domina? ¡Por supuesto que no! ¿Por qué? Porque una lengua es mucho más que eso. Es la suma de esos elementos, más la caterva° de expresiones y comparaciones idiomáticas, dichos,° proverbios y juegos de palabras que son dictados por la cultura y la idiosincracia de la gente que habla ese idioma.

a great number
sayings

Vamos a comparar dos lenguas habladas por millones de personas que, si bien° tienen muchas similaridades, difieren muchas veces en su forma de expresar hechos e ideas, precisamente porque la gente que los habla no siempre ve el mundo a través del mismo cristal. Nos referimos al español y al inglés.

although

Empecemos con algo tan simple como hablar de la edad. En este caso, el español demuestra cierto optimismo comparado con el inglés. «*Tengo treinta años*» —dice un hispanohablante. Es una manera positiva de ver las cosas. Uno posee treinta años... ¿de experiencia, quizá? ¿de madurez? En inglés se dice «*soy treinta años viejo*»... y la carga de los años parece más pesada. Claro que lo extraño es decir que un bebé «*¡es un año viejo!*» Visiones de un personaje en pañales,° pelo blanco y bastón,° cruzan nuestra mente por un instante.

diapers / cane

Pero vayamos a otras expresiones. ¿Que llueve mucho? El español comenta que *llueve a cántaros*, como si los ángeles nos estuvieran echando agua desde arriba. En inglés... «*¡está lloviendo gatos y perros!*» Decirle esto a un hispanohablante que está empezando a aprender la lengua de Shakespeare podría darle un buen susto, pues probablemente causaría en él la idea de que quizá esto fuera el principio del fin... ¡del mundo!

Y hablando de lluvia, si alguien aparece inesperadamente, se dice en español que llegó *llovido del cielo*, mientras que en inglés, esa misma persona sale «*del claro cielo azul*». Vemos entonces que también en el idioma de Cervantes, la lluvia trae algo más que agua...

Ambas lenguas usan, en sus expresiones idiomáticas, partes del cuerpo; pero éstas raras veces se corresponden.

Si usted quiere comprar un Mercedes en España, le costará *un ojo de la cara,* pero en los Estados Unidos, disfrutar del mismo tipo de coche le será más costoso, pues tendrá que pagar por él *«un brazo y una pierna».*

¿Que hay problemas? Pues en inglés, *«mantener rígido el labio superior°»* le ayudará a soportarlos, pero en español, como se dice *a mal tiempo, buena cara,* tendrá que sonreír quizá de oreja a oreja, en cuyo caso le será imposible seguir el consejo inglés. upper

Después de unos años de estudio, un profesor de español esperará que sus alumnos sepan *al dedillo°* los verbos irregulares, mientras que la felicidad de un profesor de literatura inglesa dependerá quizás de que sus estudiantes hayan aprendido algunas líneas de *Hamlet «por corazón».* **al...** *perfectly*

Si alguna vez le han hecho una broma, ojalá que haya sido en España, pues allí le habrán *tomado el pelo,* mientras que en un país de habla inglesa le habrían *«estirado la pierna»* sin ninguna consideración.

La proverbial exageración del latino se nota en muchas de sus expresiones idiomáticas. Mientras que en inglés simplemente se «charla mucho», en español se *habla hasta por los codos.* Un norteamericano o un inglés podrá estar muy enojado, podrá estar furioso; llegará incluso a *«golpear el techo».* Pero ¡cuidado con la furia de un español o de un latinoamericano, porque armará tal escándalo que *¡pondrá el grito en el cielo!*

Pero quizá la exageración llega al extremo al hablar de la pobreza. ¿Se ha sentido usted alguna vez *«tan pobre como un ratón de iglesia»*? ¡Pues eso no es nada! Hay cientos de personas en Madrid o Andalucía, México o Argentina, que le dirán que ellos conocen a gente tan pobre que *no tiene dónde caerse° muerta.* — drop

¿Ha logrado usted hacer dos cosas a la vez? En ese caso dirá en español que ha *matado dos pájaros de un tiro.°* En inglés, sin embargo, habría usado un sistema mucho más primitivo, pues habría *«matado dos pájaros con una piedra».* — shot

¿Tiene que tomar una decisión importante? Quizá esta noche, cuando se acueste, encuentre la solución. Si usted habla inglés, *«dormirá sobre»* el problema a resolver; pero si habla español, tendrá ayuda, pues podrá *consultarlo con la almohada.*

Notemos cómo el inglés es a veces más «espiritual» que el español. ¿Que ha venido mucha gente? Su amigo hispanohablante comentará, prosaico, que aquí está *todo bicho viviente,°* mientras que el inglés, lejos de llamar «bichos» a los asistentes, se referirá a ellos como a *«almas° vivientes».* — **bicho...** living bug; souls

¿Y cuando nos morimos? Quizá el español muestre más resignación ante la muerte, pues se limita a *estirar la pata,°* mientras que el inglés, quizá en un último acto de rebelión, *«patea el cubo°».* — leg; bucket

Es hora, querido lector, de terminar este artículo porque hemos *hablado hasta por los codos;* además, el esfuerzo mental realizado nos hace sentir como si *tuviéramos cien años* y estuviéramos próximos a *estirar la pata,* y no crea que le estamos *tomando el pelo.*

Ya hemos leído este artículo tantas veces que nos lo sabemos *al dedillo,* pero ¿sería una buena idea publicarlo? No sabemos qué hacer... Esta noche *lo consultaremos con la almohada.*

Aunque *llueve a cántaros,* tendremos que ir al mercado, pues nos han llegado unos invitados *llovidos del cielo.* Comprar comida para tanta gente nos costará *un ojo de la cara,* y si sigue visitándonos *todo bicho viviente* pronto habremos gastado todo nuestro dinero y *no tendremos dónde caernos muertos.* Otras personas *pondrían el grito en el cielo* si tanta gente viniera sin llamar, pero nosotros lo tomamos filosóficamente; ¿qué vamos a hacer? Tendremos que poner *a mal tiempo buena cara.*

Bueno, ¿se da cuenta usted de que, además de hablarle de algo tan fascinante como son las expresiones idiomáticas, le hemos contado también los problemas que nos dan nuestros amigos? Es indudable. ¡Hemos *matado dos pájaros de un tiro!*

Ana C. Jarvis
Raquel Lebredo
Francisco Mena

Comente usted...

1. ¿Qué se necesita saber para dominar realmente un idioma? ¿Por qué?
2. ¿Por qué hay tantas diferencias entre el español y el inglés en la manera en que se expresan las ideas?
3. ¿Qué visiones cruzan por la mente de un hispanohablante cuando oye que un bebé «es un año viejo»?
4. ¿Qué se dice en español cuando está lloviendo mucho?
5. Si algo le costara mucho dinero, ¿que expresión usaría en español?
6. ¿Qué ejemplos puede Ud. dar de la proverbial exageración del latino?
7. ¿Cómo se expresa en español la idea de que uno ha hecho dos cosas a la vez?
8. ¿Qué hace un hispanohablante cuando tiene que tomar una decisión importante?
9. ¿Por qué dice el artículo que el inglés es a veces más «espiritual» que el español?
10. ¿De qué manera — irrespetuosa — podemos decir en español que alguien ha muerto?

Desde su mundo

1. ¿Por qué está estudiando Ud. español?
2. ¿Cree Ud. que las universidades norteamericanas deben tener el estudio de las lenguas extranjeras como requisito?
3. ¿Puede Ud. citar alguna anécdota en relación con el idioma?
4. ¿Apoyaría Ud. la enseñanza de idiomas extranjeros en la niñez? ¿Por qué?
5. ¿Está Ud. de acuerdo con la idea de que todo el mundo debería ser bilingüe o multilingüe? ¿Por qué?
6. ¿Cuáles son las ventajas del programa de intercambio de estudiantes?
7. ¿Qué cambios ha habido últimamente en los Estados Unidos con respecto a las lenguas extranjeras?
8. ¿Qué nuevas expresiones idiomáticas ha aprendido Ud.?

8ª feria del libro

9 al 18 de Mayo 1980

¡Una cita con la cultura!

Las más importantes editoriales venezolanas y extranjeras; los últimos éxitos literarios y los escritores de su preferencia (que firmarán sus libros y dialogarán con Ud.), le invitan a su gran evento anual.

También podrá efectuar su compra a precios promocionales.

expo-center

del Centro Ciudad Comercial Tamanaco, Chuao.

ENTRADA LIBRE / LUNES A VIERNES: 5 a 10 p.m.
SABADO Y DOMINGO: 11 a 10 p.m.

VOCABULARIO

NOMBRES

el **analfabetismo** illiteracy
el **aprendizaje** learning
la **carga** load, burden
el **codo** elbow
la **diversión** amusement
la **embajada** embassy
el (la) **embajador(a)** ambassador
el **fondo** depth, bottom
el **grito** scream, shout
el (la) **invitado(a)** guest
el **jardín de infantes** kindergarten
la **junta escolar** board of education
el (la) **lector(a)** reader
la **lista de espera** waiting list
la **niñez** childhood
la **pereza** laziness
la **piedra** stone
el **ratón** mouse
la **regla** rule
el (la) **secuestrador(a)** kidnapper
el **susto** fright
el **techo** roof, ceiling
el **trato** deal
la **vuelta** return

VERBOS

arrastrar to drag
confundir to confuse
disculparse to apologize
enterarse(de) to find out
establecer to establish
estirar to pull
patear to kick
pecar to sin
soportar to bear, to stand

ADJETIVOS

aconsejable advisable
educativo(a) educational
embarazada pregnant
en adelante from now on
enojado(a) angry
escolar school

OTRAS PALABRAS Y EXPRESIONES

a la vez at the same time
a cántaros by the bucketful
con objeto de in order to, with the purpose of
dar por descontado to assume
dominar un idioma to master a language
ocupar un cargo to hold a position
rara vez seldom

Palabras y más palabras

Las palabras que aparecen en las selecciones... ¿forman ya parte de su vocabulario? ¡Vamos a ver!

Complete las siguientes oraciones usando las palabras y expresiones del vocabulario.

1. Cuando vio el ratón, dio un ____ . ¡Qué ____ se dio la pobre!
2. Los secuestradores entraron en la ____ y secuestraron al embajador.
3. Hay una lista de ____ muy larga para entrar en el ____ de infantes.
4. Para ____ un idioma, hay que estudiarlo desde la ____ .
5. La junta ____ estableció el ____ obligatorio de los idiomas extranjeros.

6. Nunca quiere trabajar. La verdad es que peca de ____ .
7. De ahora ____ no voy a hacer más tratos con ellos.
8. Si quieres ocupar un ____ en la embajada, es ____ que estudies francés.
9. Tiene mucha paciencia; ____ vez lo veo enojado.
10. A la ____ de su viaje, se ____ por no haberme escrito.
11. El índice de ____ es muy alto en ese país. Ayer nos ____ de que solamente una de cada cinco personas sabe leer.
12. Yo le tiré una ____ porque él me pateó y me ____ por el piso. Ahora él dice que no puede ____ el dolor.
13. Ellos dieron ____ que él cumpliría todas las ____ del juego.
14. Ayer el pobre tipo ____ la pata.
15. Les compré varios juguetes ____ con ____ de que aprendieran algo mientras jugaban.
16. No vino ningún ____ a la fiesta porque llovía a ____ .
17. La ____ de los niños consistía en tirar piedras al ____ del río.
18. Ella nunca se calla. Habla hasta por los ____ .
19. Esa revista es muy mala; casi no tiene ____ .
20. Para poner la antena tuve que subir al ____ .
21. Está ____ . Va a tener el bebé en abril.
22. Maté dos pajaros de un tiro. Hice dos cosas ____ .
23. No sé quién es quién. Siempre los ____ .
24. ¡Qué viejo estoy! La ____ de los años me parece muy pesada.

EXPANSIÓN DE VOCABULARIO (Actividad opcional)

Otras expresiones idiomáticas comunes

a quien madruga Dios lo ayuda the early bird catches the worm
andar con pies de plomo to move cautiously
andarse por las ramas to beat around the bush
aquí hay gato encerrado there's something fishy here
boca abajo face down
con las manos en la masa red-handed
cuatro letras a few lines
dejarlo a uno plantado to stand someone up
Dios los cría y ellos se juntan birds of a feather flock together
entre la espada y la pared between a rock and a hard place
estar en el pellejo de otro to be in someone's shoes
estar hasta la coronilla de... to be fed up with...
más vale pájaro en mano que cien volando one bird in the hand is better than two in the bush
media naranja better half
no tener pelos en la lengua to be very outspoken
ratón de biblioteca book worm
sudar la gota gorda to sweat blood

¿Cuánto vocabulario nuevo ha aprendido usted?

Complete las siguientes oraciones usando las expresiones de la lista.

1. Luis siempre está estudiando. Es un ____ .
2. Dime exactamente lo que piensas. No te ____ .
3. Hoy es nuestro aniversario de bodas. Mi ____ y yo vamos a celebrarlo.
4. Siempre dice lo que piensa. No ____ .
5. Otra vez me dejó ____ . Ya estoy ____ de su falta de puntualidad.
6. No quisiera estar en su ____ . El jefe lo cogió con las ____ .
7. Acepta ese puesto, aunque no sea muy bueno. Más vale ____ .
8. No sé lo que pasa, pero creo que aquí hay ____ .
9. Los dos son iguales. Dios ____ .
10. Levántate temprano, que, a quien ____ .
11. Tiene una situación muy difícil. Está entre ____ .
12. Siempre duermo ____ .
13. Trabajé muchísimo. Realmente ____ .
14. Nos están vigilando. Debemos andar ____ .
15. No tengo mucho que contarle, pero voy a escribirle ____ .

Actividades especiales

A. Vuelva a escribir lo siguiente usando expresiones idiomáticas.

1. ¿Mi *edad*? Veinte *años*.
2. Llueve *muchísimo*.
3. Quiero *hacer dos cosas a la vez*.
4. *Murió*.
5. *Apareció inesperadamente*.
6. Voy a *pensarlo esta noche*.
7. *Todo el mundo* vino a mi fiesta.
8. Habla *todo el tiempo*.
9. Me costó *muchísimo dinero*.
10. *Trata de afrontar los problemas con una actitud positiva*.
11. Lo sé todo, *a la perfección*.
12. Te está *haciendo una broma*.
13. *Se puso furioso y gritó*.
14. *Es pobrísimo. No tiene absolutamente nada*.

B. *Hábleme de usted...*

Complete lo siguiente según su propia opinión y experiencia.

1. Yo maté dos pájaros de un tiro cuando...
2. Me pusieron entre la espada y la pared cuando...
3. Puse el grito en el cielo cuando...
4. «A mal tiempo buena cara» digo yo cuando...
5. Para mí, la mayor diversión es...
6. Durante mi niñez, yo...
7. Yo no puedo soportar...
8. Mis padres dan por descontado que yo...
9. Para dominar el español tendré que...
10. Yo rara vez...

C. Los estudiantes de esta clase son miembros de una Comisión Presidencial que debe hacer recomendaciones sobre la manera de incrementar el estudio de las lenguas extranjeras en los Estados Unidos. La clase se dividirá en grupos y cada uno dará sugerencias. Al final de la discusión cada grupo presentará sus recomendaciones.

Composición

Escriba una composición sobre la importancia de aprender un idioma extranjero.

1. Introducción
   El estudio de las lenguas extranjeras en los Estados Unidos
2. Desarrollo
   a. Cuál es la mejor edad para empezar a estudiar un idioma
   b. Problemas que se encuentran al estudiar una lengua extranjera
3. Conclusión
   Las ventajas de hablar más de una lengua extranjera

Trabalenguas[1]

Trate de decir todo esto muy rápido.

1. Tres tristes tigres
2. Por la calle Carretas
   pasó un perrito
   y al pobre perrito
   lo pilló un carrito
3. Parra tenía una perra
   y Porra tenía una parra;
   y la perra de Parra
   mordió la parra de Porra.

[1]tongue twisters

Vocabulario

A

a costa de at the expense of
a la vez at the same time
a lo largo de along
a mano by hand
a medida que as
a partir de from
a principios de at the beginning of
a través de through
abarcar to undertake
abertura *(f.)* opening
abogado(a) lawyer
acercarse (a) to get near, to approach
acero *(m.)* steel
acertado(a) proper, right
acompañamiento *(m.)* accompaniment
aconsejable advisable
acontecimiento *(m.)* event
acordeón *(m.)* accordion
actual present
acuático(a) aquatic
acuerdo *(m.)* agreement
acumulador *(m.)* battery
adiestramiento *(m.)* training
adiestrar to train
adivinar to guess
adorno *(m.)* ornament
advertir (e›ie) to warn
aficionado(a) *(m., f.)* fan
afirmar to state
aguardiente *(m.)* brandy
aguja *(f.)* needle
ahorcado *(m.)* hanged person
al dedillo perfectly
albergar to house
albóndigas *(f.)* meatballs
alcanzar to attain, to achieve, to reach
alfarería *(f.)* pottery
alimentar to feed
alimento *(m.)* food, nourishment
alojamiento *(m.)* lodging
alrededor de about, around
altavoz *(m.)* loudspeaker
amargura *(f.)* bitterness
ambiente *(m.)* environment
ambos(as) both
amenaza *(f.)* threat
amenazar to threaten
ametralladora *(f.)* machine gun
amistad *(f.)* friendship
amo(a) master, mistress
amuleto *(m.)* amulet
analfabetismo *(m.)* illiteracy
analista de sistemas *(m., f.)* systems analyst
andar a pie to walk
angosto(a) narrow
anguila *(f.)* eel
anidar to make a nest
anillo *(m.)* ring
animador(a) host, hostess *(i.e., in T.V.)*
antecesor(a) ancestor
antepasado *(m.)* ancestry
anticuado(a) old fashioned
antipático(a) unpleasant
antojo *(m.)* whim
Año Nuevo *(m.)* New Year
aparcar to park
apertura *(f.)* opening
apoderarse (de) to take over
aportar to contribute
apoyar to support
aprendizaje *(m.)* learning
aprobar (o›ue) to approve, to pass
aretes *(m.)* earrings
arma *(f.)* weapon
aros *(m.)* earrings
arpa *(f.)* harp
artesanía *(f.)* arts and crafts

arrancar to start a motor
arrastrar to drag
arriesgado(a) brave, risky
arrojar to throw
arrollar to sweep
asalto *(m.)* assault, attack
ascenso *(m.)* promotion
asesinar to murder
asesinato *(m.)* murder
asesino(a) murderer, assassin
asesor(a) adviser
así como such as, as well as
asimismo likewise
asiento *(m.)* seat
asistente *(m., f.)* person in attendance
asombroso(a) astonishing
astro *(m.)* star
asustar to frighten
atestado(a) crowded
atleta *(m., f.)* athlete
atraco *(m.)* robbery
atravesar (e›ie) to go through
atropellar to run over
ave *(f.)* bird
averiguar to inquire
aviso *(m.)* warning
ayuntamiento *(m.)* municipal government
azar *(m.)* chance
azulejo *(m.)* tile

B

bacalao *(m.)* cod
bailarín(-ina) dancer
balompié *(m.)* soccer
banco *(m.)* bench
barato(a) inexpensive
barro *(m.)* mud
bastón *(m.)* cane, walking stick
bate *(m.)* bat
batería *(f.)* battery
batido *(m.)* shake
  — de chocolate chocolate shake
  — de fresa strawberry shake
  — de vainilla vanilla shake
béisbol *(m.)* baseball
bibliotecario(a) librarian
bien cocido(a) well-done
bienestar *(m.)* welfare
biftec *(m.)* steak
boina *(f.)* beret
bolsa *(f.)* bag
bomba *(f.)* bomb
bordado *(m.)* embroidery
bordado(a) embroidered
bosque *(m.)* forest
brillo *(m.)* shine
brindar to offer
bruja *(f.)* witch
brujería *(f.)* witchcraft
brujo *(m.)* sorcerer

C

caballitos *(m.)* merry-go-round
cabra *(f.)* goat
calambre *(m.)* cramp
calcular to figure
calefacción *(f.)* heating
calentar (e›ie) to heat
calidad *(f.)* quality
cálido(a) warm
caluroso(a) hot
callejón *(m.)* alley
camarones *(m.)* shrimp
caminata *(f.)* walk
camino a on one's way to
campeonato *(m.)* championship
campo *(m.)* field, country
canal *(m.)* channel
cancha *(f.)* court *(i.e., tennis)*
cangrejo *(m.)* crab
cantante *(m., f.)* singer
capa *(f.)* layer
capó *(m.)* hood
capote *(m.)* cape
cárcel *(f.)* prison, jail
carga *(f.)* load, burden
cargo *(m.)* position
carnavales *(m.)* Mardi gras
carne *(f.)* flesh, meat
  — asada roast-beef
carnicero *(m.)* meat cutter
carrera *(f.)* race
  — de autos car race
  — de caballos horse race

castigo *(m.)* punishment
castillo *(m.)* castle
catedral *(f.)* cathedral
caterva *(f.)* multitude
célebre famous
centenar *(m.)* hundred
céntrico(a) centrally located
cercano(a) nearby
cerdo *(m.)* pig
cerebro *(m.)* brain
cesta *(f.)* basket
cestería *(f.)* basket making
cifra *(f.)* number, cipher
cinturón *(m.)* belt
círculo *(m.)* circle
ciudadano(a) citizen
clase media *(f.)* middle class
clases particulares *(f.)* private lessons
clave *(adj.)* key
cocido *(m.)* baking
cocina *(f.)* cookery
cochino *(m.)* pig
codiciar to covet
codo *(m.)* elbow
confundir to confuse
cohete *(m.)* flare
cola *(f.)* tail
colgar (o›ue) to hang
colocar to hire, to place
collar *(m.)* necklace
combustible *(m.)* fuel
comienzo *(m.)* beginning
comodidad *(f.)* comfort
compartir to share
comportamiento *(m.)* behavior
compra *(f.)* purchase
comprador(a) buyer
con destino a going to
con objeto de in order to, with the purpose of
conceder to award, to give
concurso *(m.)* contest
condado *(m.)* county
conductor(a) driver
conejo *(m.)* rabbit
confección *(f.)* manufacture
confiar to trust
consagrar to make famous
conserje *(m., f.)* watchman
contador(a) público(a) Certified Public Accountant
contienda *(f.)* event, competition
contrabajo *(m.)* bass
contraer matrimonio to get married
convertirse (en) (e›ie) to become, to turn into
cordel *(m.)* string
corneado(a) gored
cosecha *(f.)* harvest
costar un ojo de la cara to cost an arm and a leg
crecer to grow
creciente growing
creencia *(f.)* belief
crítica *(f.)* critic
crudo(a) uncooked, crude
cuarteto *(m.)* quartet
cubrecama *(m.)* bedspread
cuerda *(f.)* string
cuerpo *(m.)* body
culebra *(f.)* snake
culto(a) educated

CH

chapa *(f.)* license plate
chivo *(m.)* goat
chuletas chops
  — de cerdo *(f.)* pork chops
  — de cordero *(f.)* lamb chops
  — de ternera *(f.)* veal chops

D

dañar to hurt
daño *(m.)* damage
dar a conocer to make known
  — comienzo (a) to begin
  — por descontado to assume
  — una conferencia to give a lecture
de acuerdo con according to
de rigor a must
debido a due to

débil weak
debilitarse to weaken
dedicar to devote
delito *(m.)* crime, fault
democracia *(f.)* democracy
demonio *(m.)* devil, demon
denuncia *(f.)* accusation
dentista *(m., f.)* dentist
derecho *(m.)* law
derramar to overflow, to pour
derribar to knock down
desalojar to empty
desarrollar to develop
desarrollo *(m.)* development
desatar to unleash
descanso *(m.)* rest
descarado(a) shameless
descarga *(f.)* discharge
desconfianza *(f.)* distrust, mistrust
descubrimiento *(m.)* discovery
desempeñar to perform
desempleo *(m.)* unemployment
desenvolvimiento *(m.)* behavioral growth
deseo *(m.)* wish
desequilibrio *(m.)* imbalance
desfilar to parade
despegar to take off
desprecio *(m.)* scorn
destacar to mention specifically
destinado(a) assigned
destrozar to destroy
día *(m.)* day
 — de Acción de Gracias Thanksgiving
 — del Trabajo Labor Day
 — de la Independencia Independence Day
 — de las Madres Mother's Day
 — de los Enamorados Valentine's Day
 — de los Padres Father's Day
diablo *(m.)* devil, demon
dibujo*(m.)* drawing
dicho *(m.)* saying
dirigente *(m., f.)* leader
dirigir to direct, to manage
disculparse to apologize
diseño *(m.)* design
disfrutar to enjoy
disparar to shoot
dispuesto(a) a willing
diversión *(f.)* amusement
dominar to master
dominio *(m.)* mastery
dorado(a) golden
dorarse to tan
dramaturgo *(m.)* playwright
dueño(a) owner
dúo *(m.)* duo
duplicar to double, to duplicate

E

económico(a) inexpensive
echar raíces to take root
educativo(a) educational
ejercer to exercise
ejército *(m.)* army
embajada *(f.)* embassy
embajador(a) ambassador
embarazada pregnant
embrujo *(m.)* betwitching
emisora *(f.)* station *(i.e., radio)*
empeño *(m.)* dilligence
empresa *(f.)* enterprise
empujar to push
en adelante from now on
en busca de in search of
en carne propia personally
en todas partes everywhere
en todos lados everywhere
encaje *(m.)* lace
encantado(a) delighted
encantador(a) enchanting
encanto *(m.)* charm
encarar to face
encender (e›ie) to light, to turn on
encoger to shrink
encubrir to cover up
encuentro *(m.)* meeting
enfermero(a) nurse
enfocar to focus

enfoque *(m.)* focus
enfrentarse (con) to face
enjuagar to rinse
enmienda *(f.)* amendment
ensalada mixta *(f.)* mixed salad
ensanchar to widen
ensayar to try
ensayo *(m.)* essay
enojado(a) angry
enterado(a) aware
enterarse (de) to find out
entero(a) whole
enterrar to bury
entrar en vigor to go into effect
entrenamiento *(m.)* training
entrenar(se) to train
entrevistar to interview
es decir that is to say
es preciso it is necessary
escala *(f.)* stopover
escandalizarse to be shocked
escasez scarcity
escenario *(m.)* stage
escolar school
esclavo(a) slave
escuela *(f.)* school
  — elemental elementary school
  — primaria elementary school
  — tecnológica technical school
escultor(a) sculpturer
espanto *(m.)* terror, horror
espía *(m., f.)* spy
espumoso(a) sparkling
esquí acuático *(m.)* water ski
establecer to decree, to establish
estacionamiento *(m.)* parking
estacionar to park
estado *(m.)* state
  — de ánimo mood
estallar to explode, to go off *(i.e., a bomb)*
estancia *(f.)* stay
estatua *(f.)* statue
estirar to pull
  — la pata to kick the bucket
estrecho(a) close, narrow
estrella *(f.)* star
estremecerse to shudder
estreno *(m.)* premier
etapa *(f.)* stage
exigir to demand
exponer to exhibit

F

fábrica *(f.)* factory
fabricante *(m., f.)* manufacturer
factoría *(f.)* factory
Facultad *(f.)* College
  — de Arquitectura School of Architecture
  — de Ciencias Económicas (Comerciales) School of Business Administration
  — de Derecho Law School
  — de Filosofía y Letras School of Humanities
  — de Ingeniería School of Engineering
  — de Medicina Medical School
  — de Odontología Dental School
falta de lack of
fallecido(a) deceased
fallecimiento *(m.)* death
fallo *(m.)* failure
farmacéutico(a) pharmacist
faro *(m.)* headlight
fiel faithful
fijarse to notice, to pay attention
Fin de Año New Year's Eve
flauta *(f.)* flute
flecos *(m.)* fringes
flecha *(f.)* arrow
flor *(f.)* flower
floreciente flourishing
fondo *(m.)* depth, bottom
frase *(f.)* phrase
  — publicitaria slogan
frecuentar to visit
freno *(m.)* brake
frotar to rub
fuerzas armadas *(f.)* armed forces
fuga *(f.)* escape
funcionar to work, to function
fútbol americano *(m.)* football

G

gallo *(m.)* rooster
ganancias *(f.)* earnings
garabatear to doodle
garabato *(m.)* scribble
gasto *(m.)* expense
gato *(m.)* jack
gimnasia *(f.)* gymnastics
gimnasta *(m., f.)* gymnast
goma *(f.)* gum
goma pinchada *(f.)* flat tire
gorro *(m.)* cap
gota *(f.)* drop
grabado *(m.)* etching, engraving
grado *(m.)* degree
granja *(f.)* farm
gratis free *(of charge)*
gritar to scream, to shout
grito *(m.)* scream, shout
grúa *(f.)* tow truck
guante de pelota *(m.)* baseball mitt
guardafango *(m.)* fender
guardar to keep
guerra *(f.)* war
guía de espectáculos *(f.)* show guide

H

hacer alarde to boast, to brag
hacer cola to stand in line
hacer frente (a) to face
hacha *(f.)* ax
hamburguesa *(f.)* hamburger
hechizo *(m.)* spell
hecho *(m.)* fact, event
herencia *(f.)* inheritance
herido(a) wounded
herir (e›ie) to wound
hervir (e›ie) to boil
herradura *(f.)* horse-shoe
herramienta *(f.)* tool
higo *(m.)* fig
hilo *(m.)* threat
hipódromo *(m.)* racetrack
holandés(esa) Dutch
hombro *(m.)* shoulder
hormiga *(f.)* ant
horóscopo *(m.)* horoscope
hospedarse to stay *(i.e., at the hotel)*
huelga *(f.)* strike
huella *(f.)* vestige
hueso *(m.)* bone
huésped *(m., f.)* guest
humedecer to wet
humilde humble
humo *(m.)* smoke

I

impartir to impart, to teach
imperar to reign
imperio *(m.)* empire
imprescindible indispensable
impuesto *(m.)* tax
indicador *(m.)* turn signal
indicio *(m.)* indication
indispensable indispensable
inevitable unavoidable
infantil related to children
infelicidad *(f.)* unhappiness
ingresar to enter
ingreso *(m.)* income, revenue
insensato(a) senseless
invertir (e›ie) to invest
invitado(a) guest

J

jamón *(m.)* ham
jardín de infancia *(m.)* kindergarten
jefe(a) chief, director
joya *(f.)* jewel
juego *(m.)* gambling
juegos olímpicos *(m.)* olympic games
jugada *(f.)* play
jugarse la vida to risk one's life
juguete *(m.)* toy
junta escolar *(f.)* board of education
junto a next to
justo(a) fair
juventud *(f.)* youth
juzgar to judge

L

lamentable sad
lana *(f.)* wool
langosta *(f.)* lobster

lanzador(a) pitcher
lanzar to launch
lector(a) reader
levadura *(f.)* yeast
leve slight, light
ley *(f.)* law
líder *(m.)* leader
ligero(a) light, slight
limpiaparabrisas *(m.)* windshield wiper
lista de espera *(f.)* waiting list
locutor(a) announcer, commentator
lograr to achieve, to obtain
logro *(m.)* achievement
lucha libre *(f.)* wrestling
luchar to struggle, to fight
lujoso(a) luxurious
luna *(f.)* moon

LL

llamada *(f.)* call
llanta *(f.)* tire
llevar a cabo to carry out
llover a cántaros to rain cats and dogs
llovido(a) del cielo out of a clear blue sky

M

maceta *(f.)* flower pot
madrileño(a) native of Madrid
maestro(a) teacher
magia negra *(f.)* black magic
mago(a) magician
mal de ojo *(m.)* evil eye
maleficio *(m.)* evil
maletero *(m.)* trunk *(of a car)*
maniatar to tie up
mancha *(f.)* stain
manera *(f.)* way
manga *(f.)* sleeve
manso(a) tame
mantilla *(f.)* head cover
maravilla *(f.)* wonder
maravillarse to marvel
marca *(f.)* brand
marisco *(m.)* shellfish
mascar to chew
máscara *(f.)* mask
matar dos pájaros de un tiro to kill two birds with one stone
materia prima *(f.)* raw material
matrícula *(f.)* registration, tuition
mazorca *(f.)* ear of corn
mediante by means of
médico(a) medical doctor
medida *(f.)* measure
medio(a) *(adj.)* average
medio *(m.)* midst, middle
medio crudo(a) rare
mejorar to improve
mercader *(m.)* merchant
mercadería *(f.)* merchandise
merecer to deserve
mestizaje *(m.)* hybridism
meta *(f.)* goal
miedo *(m.)* fear
miembro *(m.)* member
ministerio *(m.)* department
mirar de reojo to look sideways
mirar hacia adelante to look ahead
modales *(m.)* manners
moler (o›ue) to grind
montaña rusa *(f.)* roller coaster
monumento *(m.)* monument
mortaja *(f.)* shroud
muerto(a) killed
multa *(f.)* fine
mundial world
muñeca *(f.)* doll

N

nacer to be born
nacimiento *(m.)* birth
nadador(a) swimmer
natación *(f.)* swimming
natal native
natalidad *(f.)* birth
ni siquiera not even
niñez *(f.)* childhood
no cabe duda there's no doubt
no tener nada que ver con not to have anything to do with
Nochebuena *(f.)* Christmas Eve
norma *(f.)* rule
noticias *(f.)* news

notorio(a) flagrant
nube *(f.)* cloud
nudo *(m.)* knot

O

obra teatral *(f.)* play
occidental Western
ocultar to hide
oficinista *(m., f.)* white-collar worker
ofrenda *(f.)* offering
ola *(f.)* wave
oler to smell
olfato *(m.)* sense of smell
Olimpiadas *(f.)* Olympic Games
olor *(m.)* smell
oprimido(a) oppressed
órgano *(m.)* organ
orgulloso(a) proud
orilla *(f.)* shore, edge
otorgar to award, to give
oveja *(f.)* sheep

P

pagar por adelantado to pay in advance
paja *(f.)* straw
palo *(m.)* stick
pantalla *(f.)* screen
pañal *(m.)* diaper
papel *(m.)* role
par *(m.)* couple, pair
parabrisas *(m.)* windshield
parado(a) unemployed *(Spain)*
parque de atracciones *(m.)* amusement park
parque de diversiones *(m.)* amusement park
partida *(f.)* departure
pasatiempo *(m.)* hobby, pastime
paso *(m.)* step
pata *(f.)* leg, paw
patear to kick
patria *(f.)* homeland
pauta *(f.)* pattern
peaje *(m.)* toll
pecar to sin
peligro *(m.)* danger
peligroso(a) dangerous
pena capital *(f.)* death penalty
pensamiento *(m.)* thought
pensión *(f.)* boarding house
penúltimo(a) second last
perdurable lasting
pereza *(f.)* laziness
perjudicar to hurt, to cause damage
permiso *(m.)* permit, license
  — de conducir driver's license
perro caliente *(m.)* hot dog
pesadilla *(f.)* nightmare
pese a in spite of
piano *(m.)* piano
picante spicy
piedra *(f.)* stone
piel *(f.)* skin
pincel *(m.)* brush
pintar to paint
pintura *(f.)* painting, paint
placa *(f.)* license plate
planta *(f.)* story, floor
plazuela *(f.)* small plaza
pluma *(f.)* feather
poblado(a) populated
pobreza *(f.)* inadequacy, poverty
poder *(m.)* power
poner el grito en el cielo to hit the roof
poner en peligro to endanger
ponerse a to start to
por otra parte on the other hand
potable fresh *(water)*
potencia *(f.)* power
predecir to predict
premio *(m.)* prize
preso(a) político(a) political prisoner
presupuesto *(m.)* budget
previsto(a) anticipated
prisión *(f.)* prison, jail
privar to deprive
programador(a) programmer
promedio *(m.)* average
proporción *(f.)* ratio
proporcionar to furnish
provecho *(m.)* profit
proveer to provide
provenir to come, to originate
publicar to publish

publicidad *(f.)* publicity
puente *(m.)* bridge
puerco *(m.)* pig
punto *(m.)* point

Q

quebrantamiento *(m.)* violation
quebrar (e›ie) to break
queso *(m.)* cheese
química *(f.)* chemistry

R

rabia *(f.)* fury
radiador *(m.)* radiator
raíz *(f.)* root
rara vez seldom
rasgo *(m.)* feature
ratón *(m.)* mouse
realizar to realize, to carry out
rebajar to lessen
rebasar to run over
recalcar to emphasize
receta *(f.)* recipe
recetario *(m.)* recipe book
recién recent, recently
  — llegado(a) newcomer
recopilar to compile
recorrer to go around
recto(a) straight
recuerdo *(m.)* souvenir
recurso *(m.)* means
red *(f.)* net
redactor(a) editor
reducir overcome
regla *(f.)* rule
rehén *(m., f.)* hostage
remolcador *(m.)* tow truck
remolcar to tow
remontarse to go back *(in time)*
repentinamente suddenly
repuesto *(m.)* part *(i.e., of a car)*
repujado(a) embossed
requisito *(m.)* requirement
resaltar to stand out
rescatar to rescue
rescate *(m.)* rescue, ransom
resolver (o›ue) to solve
retraso *(m.)* delay
revisión *(f.)* check, checkup
rezagado(a) behind, backward
riesgo *(m.)* risk
riqueza *(f.)* wealth
rodear to surround
rompecabezas *(m.)* puzzle
rosbif *(m.)* roast beef

S

sabor *(m.)* flavor, taste
saborear to taste
sabotaje *(m.)* sabotage
sacerdote priest
sacudir to shake
salir con to come up with
salsa *(f.)* sauce
saltar to jump
salto de agua *(m.)* waterfall
sano(a) healthy
sapo *(m.)* toad
satisfecho(a) satisfied
secar to dry
seco(a) dry
secuestrador(a) kidnapper
secuestrar to kidnap
secuestro *(m.)* kidnapping
seguridad *(f.)* certainty, security
seguro *(m.)* insurance
selva *(f.)* jungle
semáforo *(m.)* traffic light
semejante similar
sencillo(a) simple, unadorned
sentimiento *(m.)* feeling
señal *(f.)* sign
señalar to indicate
ser digno(a) de to deserve
serpiente *(f.)* snake
si bien although
sicólogo(a) psychologist
siembra *(f.)* seeding
siglo *(m.)* century
significado *(m.)* meaning
signos del zodíaco *(m.)* zodiac signs
silvestre wild
similar similar
sin embargo however, nevertheless

soborno *(m.)* bribe
sobrecama *(f.)* bedspread
soldado *(m.)* soldier
solicitud *(f.)* application
solterón old bachelor
someter to subject
soñador(a) dreamer
soportar to bear, to stand
suavizar to smooth, to ease
subempleo *(m.)* underemployment
subestimar to underestimate
subirse (a) to get on
suceder to happen
suciedad *(f.)* dirt, filth
sugerencia *(f.)* suggestion
sumar to add
superarse to improve, to become superior
suprimir to eliminate
surgir to appear
suscribirse a to subscribe to
susto *(m.)* fright

T

tal vez perhaps
tallarines *(m.)* spaghetti
taller de mecánica *(m.)* repair shop
tamaño *(m.)* size
tambor *(m.)* drum
taquilla *(f.)* ticket window
tardar to take *(time)*, to delay
tarjeta *(f.)* card
  — de registro registration
  — de turismo tourist card
techo *(m.)* roof, ceiling
tejer to knit
tejido *(m.)* fabric
tela *(f.)* fabric, canvas
telar *(m.)* loom
telaraña *(f.)* spider web
temer to fear
temible dreadful
temporada *(f.)* season
tener to have
  — a cargo de uno to be in charge
  — casa propia to own a home
  — en cuenta to keep in mind
  — la culpa to be one's fault
término medio medium-rare
ternera *(f.)* veal
terreno *(m.)* field, lot
tesón *(m.)* tenacity
testigo *(m., f.)* witness
tierra *(f.)* earth
tiovivo *(m.)* merry-go-round
tiranía *(f.)* tyranny
tiroteo *(m.)* shooting
tocino *(m.)* bacon
tomar to take
  — en cuenta to take into account
  — una decisión to make a decision
  —le el pelo a alguien to pull someone's leg
tonelada *(f.)* ton
torneo *(m.)* tournament
toro *(m.)* bull
torre *(f.)* tower
transladar(se) to move
tras after
trato *(m.)* deal
tribuna *(f.)* stand
tribunal *(m.)* court
trío *(m.)* trio
trombón *(m.)* trombone
trompeta *(f.)* trumpet
trozo *(m.)* piece

U

una especie de a kind of
universidad *(f.)* university
  — estatal state university
  — privada private university
unos(as) cuantos(as) a few

V

vacío(a) empty
valentía *(f.)* courage
valiente brave, courageous
valioso(a) valuable
vals *(m.)* waltz
vanidoso(a) vain
varón male
vasija *(f.)* receptacle

vejez *(f.)* old age
vencer to defeat
venta *(f.)* sale
ventaja advantage
verdugo *(m.)* executor
verruga *(f.)* wart
vestimenta *(f.)* attire
veterinario(a) veterinarian
vigilante *(m., f.)* guard
vigilar to watch over, to keep guard
violín *(m.)* violin
Víspera de Año Nuevo *(f.)* New Year's Eve
vocablo *(m.)* word, term
volante *(m.)* steering wheel
voluntad *(f.)* will
vuelta *(f.)* return

Y

ya que since, being that
yema *(f.)* yolk

2 3 4 5 6 7 8 9 0